輝ける島へ

佐渡・世界遺産の行方

後編

JN064233

明治期以降に開発された「道遊坑」。坑道ではトロッコが鉱石を運んだ＝2018年７月、佐渡市相川地区

観光施設「史跡佐渡金山」で見学できる坑道の内部＝2018年７月、佐渡市相川地区

「西三川砂金山」の笹川集落にある「虎丸山」。砂金採取のため山肌を削った跡が残る＝2018年７月、佐渡市真野地区

近代遺産の一つ「北沢浮遊選鉱場跡」。金山の関連施設の中でも屈指の〝映え〟スポットとして定着した＝2018年７月、佐渡市相川地区

昭和期の生産を支えた「50メートルシックナー」。古代遺跡のような円形の外観が特徴だ＝2015年９月、佐渡市相川地区

大空に羽ばたくトキ。2008年の放鳥後、トキの舞う光景は日常となった＝2018年8月、佐渡市新穂地区

「岩首昇竜棚田」。眼下の佐渡海峡の先に朝日が昇る＝2018年５月、佐渡市岩首

南部の小木半島にある「虫谷の入り江」。透明度が高い澄んだ海が広がる＝2022年８月、佐渡市小木地区

島北部の景勝地大野亀で咲く「トビシマカンゾウ」。さわやかな初夏を彩る＝2017年５月、佐渡市願

島に春の到来を告げる「鬼太鼓」。各集落に多彩な型が伝わる＝2023年４月、佐渡市金井新保

金山と佐渡奉行所を結ぶメインストリート「京町通り」で開かれる「宵乃舞」。参加者が「相川音頭」を踊り流す＝2023年６月、佐渡市相川地区

「佐渡奉行所跡」。荻原重秀や川路聖謨が著名な佐渡奉行として知られる＝2022年12月、佐渡市相川地区

新潟日報ブックレット④

輝ける島へ

佐渡・世界遺産の行方　【後編】

新潟日報　「輝ける島へ」取材班

写真特集……2
第4部　史観のはざまで……10
第5部　「影」の先に……32
第6部　明日への針路……48
新潟日報の紙面から……72
おわりに……76

【前編】
第1部　ドキュメント 永田町の金山
第2部　掘り出した価値
第3部　絡み合う四半世紀　軍艦島と佐渡

【後編】

第4部　史観のはざまで

「佐渡島《さど》の金山」の世界文化遺産登録に向け、大きな障壁となっているのが日韓両政府の歴史認識の違いだ。とりわけ、「明治日本の産業革命遺産」に端を発した「強制労働」を巡る溝は深い。日韓首脳会談が実現し、氷解の兆しは見えつつあるものの、果たして問題解決に至るのか、不安は拭いきれない。さらに、韓国国民と佐渡島民という国民レベルでの史観はどうか。現地での取材に加え、歴史もひもときながら、揺れる両国の歴史認識に迫る。

日韓関係の「改善」で追い風吹くか

「両国間の不幸な歴史を克服し、韓日間の新しい時代を切り開く第一歩だ」。2023年3月16日、日本での5年ぶりの日韓首脳会談が首相官邸で開かれた。韓国大統領の尹錫悦《ユンソンニョル》は、会談後の会見の場で誇らしげに胸を張った。首相の岸田文雄も、1998年の日韓共同宣言を踏まえ「日韓関係の新たな章を共に開く」と述べ、握手を交わした。

ただ、会見中の両者の振る舞いには微妙な違いがあった。岸田が語っている間、尹は岸田に体を向け何度もうなずく。一方、尹が話す場面で岸田はほぼ真正面を向き、うなずく角度も小さかった。言葉とは裏腹に、互いの国への姿勢に温度差を感じさせるようだった。

世界文化遺産登録を目指す「佐渡島《さど》の金山」を巡っては、日本政府の推薦書が国連教育科学文化機関（ユネスコ）の指摘で再提出となり、スケジュールが1年遅れた。表向きの理由は書類の不備だが、戦時中の労働を巡り歴史認識で対立する日韓への懸念が背景にあったともささやかれている。

そうした中で実現した日韓首脳会談。韓国側から元徴用工訴訟問題の解決策が示され、関係改善に期待が高まる。佐渡の世界遺産関係者は「このまま佐渡金山も良い方向に進んでほしい」と願う。

このムードは果たして、世界遺産登録実現へプラスに働くのか。

韓国政府系シンクタンク「東北アジア歴史財団」研究政策室長の南相九《ナムサング》（54）は「韓国政府は、元徴用工訴訟問題と佐渡の世界遺産は別問題と捉えているだろう」とみる。

一方で、打開策をこう挙げる。「日本が戦時中、朝鮮人労働者を佐渡に動員した事実を明らかにするなら、問題は解決するのではないか」

尹は会見の場で日韓関係の改善を何度も口にし、その熱の高さをあらわにした。日韓関係に詳しい韓国・国民大日本学科教授の李元徳《イウォンドク》（60）は「尹政権下なら、日韓の話し合いで佐渡の世界遺産登録の問題も解決できるだろう」と指摘する。

ただ、今回の首脳会談で佐渡金山を巡る問題は議論されなかった。韓国政府は、日本政府が推薦書を提出した翌日の2023年1月20日、早々に遺憾を表明していた。2月末には、韓国国会が日本政府に登録申請の撤回を求める決議案を可決するなど、解決への不透明感は拭えない。

　両国の溝を埋めることはできるのか。手がかりを求め韓国を訪ねた。

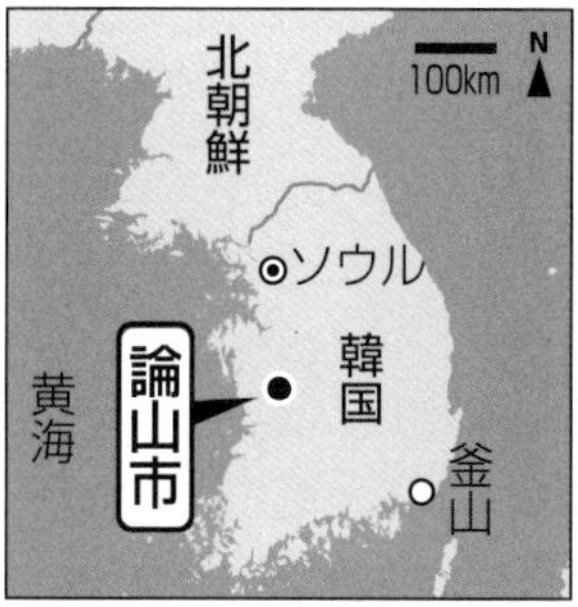

人通りの多い龍山駅前に立つ徴用工像。周りには説明文を刻んだ石碑がある＝2023年2月、韓国・ソウル市

戦時中に朝鮮人1519人が動員

　高層ビルが立ち並ぶソウル市の龍山《ヨンサン》駅前に、つるはしを持つ痩せた男性の像が立っている。戦時中、日本に徴用された朝鮮人労働者を象徴する「徴用工像」だ。碑文には、徴用された数多くの朝鮮人が龍山駅から出発したと記されている。大勢の人が像の前を行き来するが、立ち止まって像に見入る人は少ない。

　駅近くの飲食店で働く張明子《チャンミョンジャ》（58）に、佐渡金山の世界遺産推薦について聞くと「佐渡金山？　さあ、知らないわね。軍艦島なら知ってるけど」と首をかしげた。

　2015年に世界遺産登録された「明治日本の産業革命遺産」の資産の一つ、長崎市の端島（通称・軍艦島）は、２０１７年に強制労働の現場として韓国で映画化され知名度が高い。一方、韓国での取材中に佐渡金山を知っている一般市民には、出会わなかった。張は「歴史問題は根が深い。韓日が互いに努力するしかないね」とつぶやいた。

１９５０年の「佐渡鉱山史」（平井栄一編）によると、佐渡金山では戦時中に朝鮮人１５１９人が動員された。韓国西部の忠清南《チュンチョンナム》道《ド》論山《ノンサン》市には、元朝鮮人労働者・金鍾元《キムジョンウォン》＝１９９０年に78歳で死去＝の次男、金光善《キムグァンソン》（80）が暮らしている。

ソウルから高速鉄道で約2時間。田園が広がるのどかな田舎町の一軒家に住み、室内には父の写真が飾ってある。鍾元は戦時中、妻子と共に佐渡へ渡り、光善は１９４２年に佐渡で生まれた。「私が知る限り、父は強制的に佐渡へ連れていかれたのではなく、募集に応じて行ったと聞いた」と語る。

「人生違っていたかも」

だが「強制かどうかが問題なのではない」と語気を強める。朝鮮が日本の植民地になって搾取されたために貧しくなり、父が日本へ稼ぎに行かなければならなくなったと考えているからだ。

戦時中に佐渡金山の労務課職員だった杉本奏二は、朝鮮人労働者に対して殴る、蹴るといった激しい体罰があったと手記に書いている。光善は「体罰があったとは、父からは聞いたことがない」と語るが、「当時の肉体労働の現場とは、そういうものだったのではないか」ともみる。

当時、鍾元は坑内の岩石にダイナマイトを仕込むための穴を開ける仕事をしていたという。作業中に粉じんを吸い込み、戦後はじん肺症に苦しんだ。

旧相川町が編さんした「佐渡相川の歴史」によると鍾元が働いていた頃、金山では防じんマスクや水で石粉の飛散を防ぐ道具があった。しかし、息苦しさからマスクを外したり、汚れを嫌って水を止めたりするケースがあったと記す。

「せきやたんが出て、父はやせ細った」と光善は振り返る。夜になるとじん肺の合併症とされる足の痛みから「もんでくれ」と言われ苦労した。「父は佐渡でそれなりに金を稼いだと思うが、すべて治療費に使われてしまった」。家庭は困窮し、光善が働くまで暮らし向きは良くならなかったという。

戦時中に父が日本に行かなければ、父も自分も違った人生だったと思う。「金山で病気になった人や、亡くなった人もいる。日本はこうした事実を記憶にとどめるべきだ」と訴えた。

労働条件、日韓で異なる見方

かつて佐渡金山関係者の住居や商店が軒を並べた「京町通り」（佐渡市相川地区）。風情ある木造家屋の通りを金山に向かって進むと、コンクリートの土台が残る空き地にたどり着く。戦時中、朝鮮人労働者の食事を作った共同炊事場跡だ。

「日本人の女性がみそ汁を深いおけに入れて、縄で背負って寄宿舎に届けたそうです」と、戦時中の動員に詳しい地元在住の小杉邦男（85）は語る。

１９４３年に三菱鉱業佐渡鉱業所が朝鮮人労働者についてまとめた報告書「半島労務管理ニ付テ」によ

共同炊事場跡に立つ小杉邦男。「ここで給食を作り朝鮮人労働者のところへ配達した」と語る＝2023年2月、佐渡市相川大工町

ると、同年5月時点の従業員約1300人中、朝鮮人は584人。家族連れは社宅に、単身者は寄宿舎でそれぞれ生活した。寄宿舎は「相愛寮」と呼ばれ、現在の相川諏訪町などにあったとされる。

1950年の「佐渡鉱山史」（平井栄一編）に、朝鮮人の労働条件について記述がある。賃金は内地人（日本人）と同じで、採掘量による出来高払いで賞与があったという。社宅や寄宿舎は無料で、朝鮮式の将棋や蓄音機など娯楽の道具もあったとしている。

同じ内容の記述は「半島労務管理ニ付テ」にもある。日本の保守系団体はこれらの資料を根拠に「『強制労働』と言われるような非人道的なものではなかった」と訴える。

一方、戦時徴用について調査している韓国の団体「民族問題研究所」は、「半島労務管理ニ付テ」の記述の中で、勤務状況や行いが「不良ナル者」に対しては「相当厳重ナル態度」で臨むとしているところを問題視。実際に労務担当者に暴力をふるわれたという元労働者の証言を基に、「労働を強要していた」と主張する。

〝生き証人〟極めて少なく

朝鮮人労働者が配置された現場の見方にも対立がある。「半島労務管理ニ付テ」によると、当時坑内の削岩作業に朝鮮人は123人配置され、日本人の4・5倍に上った。これを根拠に、「朝鮮人は危険な作業を担わされていた」とみる研究者がいる。一方で、保守系の研究者は「徴兵で若い日本人の男性がいなくなっていたため朝鮮人が配置されただけで、差別の結果ではない」と強調する。

戦時中から約80年がたち、当時の佐渡金山を直接知る人は極めて少ない。1933年から7年間、佐渡金山に事務員として勤め、自身の体験を基にした小説「佐渡金山」に記した田中志津（福島県在住）。106歳になった今でも口調はしっかりしているが、「あまりにも年を取り過ぎて、もう覚えていない」とさみしげに語る。小説には当時の朝鮮人の労働に関する描写は少なく、朝鮮人の様子について今思い出すことは難しいという。

ただ、朝鮮の大学で鉱業を学び、技師として佐渡金山へ赴任した「アン・ポウエキ」という青年の記憶は辛うじて残っている。「あの方は精錬の仕事をしていて、よく私の事務所に来てくれた。あの頃は互いに若かった」と懐かしむ。

戦時中に20代だった金山従業員は、存命なら現在は100歳前後になる。歴史認識の〝生き証人〟を探すのは難しく、資料の解釈しか手だてがない。こうした状況が史観の対立を生む原因になっている。

県史巡り県議会で討論も

2022年3月、県議会で「新潟県史」のある記述を巡って討論が交わされた。

「労務動員計画は、名称こそ『募集』『官あっせん』『徴用』と変化するものの、朝鮮人を強制的に連行した事実においては同質であった」

複数の県議がこの箇所を引用し、県知事・花角英世に認識をただした。花角は「国と一緒に改めて調査をしている」と答弁。「負の歴史を含めた全体像が示されるべきではないか」との問いには「戦時中の歴史については、文化遺産の価値とは別のものとして議論すべきもの」と答えた。

旧相川町が1995年に発行した町史「佐渡相川の歴史　通史編近・現代」は、県史や新聞の投書を引用する形で「強制的に連行した」や「強制労働者」と記したものの、本文の叙述ではそうした表現を使っていない。関係者は「証言の聞き取りや資料を調べた結果『強制連行』や『強制労働』という言葉で表現できる実態が確認されなかったのだろう」と語る。

佐渡金山での戦時中の「強制連行」「強制労働」の有無は、日韓両政府で最も大きな隔たりがある点だ。日本政府が国連教育科学文化機関（ユネスコ）に推薦書を提出した翌日の2023年1月20日、韓国外務省は「強制労働の歴史を含む全体の歴史が反映されるように、国際社会と共に努力し続ける」との論評を出した。「佐渡島《さど》の金山」が推薦対象の期間を戦国時代末期から江戸時代までとしていることが、〝全体の歴史〟と述べた背景にあるとみられる。

時代の区切り 議論呼ぶ

佐渡金山の推薦対象は当初、明治以降も含んでいたが、2020年の推薦書原案提出時に、江戸時代までに絞った。17世紀に手工業で世界最大級の量と最高品質の金生産を誇った点に世界遺産としての価値がある、との推薦内容に県と佐渡市が絞ったからだ。

当時の県の担当者は「佐渡金山は近代だけを見ると、どこにでもある資産だが、手工業の痕跡が残る江戸期の資産としては世界的に見てもなかなかない」と語る。「（戦時動員の）批判をかわすために、近代以降を落としたというのは違う。そんな姑息《こそく》なことはしない」と断言する。

強制労働の研究をしている韓国の民族問題研究所は2022年10月、日本の市民団体と連携し、佐渡金山で働いた朝鮮人労働者の状況や使っていた施設の概要、証言などをまとめた報告書を作成した。「（地元の）駐在所の巡査などが、哀願する老父母と家族を払いのけ、強制的に動員した」といった証言などを載せている。

2022年8月、調査で佐渡を訪れている研究所対外協力室長の金英丸《キムヨンファン》（50）は「ただ世界遺産登録に反対しているのではない。強制連行も含めた歴史全体を記録してこそ、登録にふさわしくなるはずだ」と強調する。

日韓関係に詳しい韓国の国民大教授、李元徳《イウォンドク》（60）は「日本側が江戸期の遺跡に価値があるから時代を

朝鮮人労働者の入山式や徴用令書の伝達式などに使われた佐渡金山の「協和会館」。韓国の団体がまとめた報告書にも載っている＝1941～52年ごろ、佐渡市

区切ったことを説明し、戦時中の朝鮮人労働者についてもちゃんと説明を加えれば、韓国が登録に反対する大義名分はなくなるのではないか」と分析する。

韓国では、学校教育で植民地時代に重点を置き過ぎているが、日本は戦前や近現代史の扱いが薄いとし、「互いにバランスの取れた歴史認識が必要だ」と語った。

歴史問題、根強い日本の不信感

「韓日関係は大きく変わることになる」。2023年1月、韓国政府系シンクタンク「東北アジア歴史財団」研究政策室長の南相九《ナムサング》(54)は、米国の有力紙のインタビューを目にして日韓関係の改善を確信した。その記事では、韓国大統領・尹錫悦《ユンソンニョル》が「3カ国(日米韓)の協力が非常に重要であり、日本が防衛能力を強化することに大きな問題があるとは考えていない」と答えていた。日本の防衛力強化へ懸念を示していた文在寅《ムンジェイン》政権から一転、尹は日韓の安全保障協力を重視する姿勢を示した。

2023年3月16日、日本で約5年ぶりに日韓首脳会談が開かれた。世界遺産登録推進について、韓国から「強制労働の場だった」と反発を受けている佐渡金山の関係者も今後の関係改善に期待を寄せる。ただ、歴史問題を巡り韓国に対する日本の不信感は根強い。

「正義」の末に強硬姿勢

１９６５年の日韓請求権協定で植民地支配時の財産請求権問題は完全かつ最終的に解決したと両国は確認していたが、韓国最高裁は２０１８年、日本企業に元徴用工らへの賠償を命じた。日本側は強く非難。だが、韓国の政権は判決を尊重する姿勢を示した。

元慰安婦問題でも、「最終的かつ不可逆的」な解決を確認した２０１５年の日韓合意を白紙化。いずれも対日強硬姿勢を見せた２０１７～22年在任の文在寅政権の時代だ。

しかし、立命館大名誉教授・文京洙《ムンギョンス》（72）は「文在寅政権は本来は対日協調重視だった。『正義』『公正』を追究する世論の中で選択肢が限られていった」と意外な指摘をする。

「正義」を追究する世論とは何か。始まりは、保守派の朴槿恵《パククネ》政権の国政私物化を受け、退陣を求めて開かれた２０１６～17年の「ろうそく集会」だ。若い世代が中心となったデモでは、保守派への嫌悪感に加え、貧富の格差や男女差別、雇用不安など幅広い不満が表面化した。

徴用工判決を巡っては、朴政権が司法と癒着し、判決言い渡しを不当に先延ばしした疑惑があった。慰安婦合意に対する国民の不満も噴出していた。これらの民意を背景に、革新派の文在寅政権が誕生した。

文京洙は「『正義』を重視する世論から誕生した政権の出自から、文在寅には国内外に『正義』を貫くことが求められた」と強調。世論が対日強硬姿勢の背景にあったと指摘する。

ただ、その「正義」を貫くスタイルは波紋を広げた。日韓関係は「戦後最悪」と言われるまで悪化し、日韓軍事情報包括保護協定（ＧＳＯＭＩＡ）破棄通告にも発展した。また、佐渡金山の登録推進には退任直前に「憂慮」を示した。

国内では「フェミニスト政権」をうたう姿に、徴兵制に不平等を感じる20代男性を中心に革新離れが加速。そうしたひずみが2022年、日本との関係改善を訴える保守派の尹政権が誕生する要因の一つと指摘される。

韓国国会で過半数を占める野党や市民団体は、譲歩し過ぎだとして、日韓首脳会談など尹政権の対日外交への批判を強めている。2024年4月に総選挙を控える中、保守と革新がせめぎ合う韓国世論を尹政権がいかに説得するのか。佐渡金山への影響はまだ明確には見えないままだ。

家族の同伴に真逆の主張

民族衣装姿で真っすぐに前を見つめる女性たち。戦時中、佐渡金山で働いた朝鮮人労働者の家族として佐渡で暮らした女性たちの記念写真だ。写真の右下の刻印から、佐渡市相川石扣《いしはたき》町にあった山口写真館で撮影されたとみられる。

戦時中、朝鮮人労働者の家族が佐渡へ移り住んだ。関係者によると、1940年には300人が佐渡へ渡ったという。

在日コリアンが多い川崎市南部で、共生社会づくりに取り組む社会福祉法人「青丘社《せいきゅう》」は、25年前に写真の中の一人である朴順伊《パクスニ》（故人）に当時の体験を聞き取った。

朴は1941年、佐渡金山で働いていた夫の下へ、生まれたばかりの長女と共に呼び寄せられた。「夫のために、朝3時に起きてご飯を作るのが大変だった」と聞き取りに答えている。佐渡では「半島人」と言われたこともあったと語っていた。

相川小の創立100周年記念誌によると、1941年から終戦までに78人の朝鮮人児童が同校に入学した。同誌には、李長久《イチャング》という少年が紹介されている。休み時間には、友達に頼まれ教壇で朝鮮の歌を歌ったと記されている。

李と友達だった佐渡市相川地区の中山満（91）は「彼のことは『り・ちょうきゅう』と呼んでいて、仲良くしていたよ。朝鮮から来たって言っても当時は同じ国だったから」と振り返る。

朝鮮人労働者が家族と一緒に住めたことについて、日本の保守系研究者は「佐渡鉱業所が、朝鮮人の待遇を良くしようと努力していたことが認められる」と捉える。一方、韓国の研究団体は「労働者の逃亡を防ぐため、政策的に家族を呼び寄せていたにすぎない」と主張する。

また、戦時中に佐渡金山では朝鮮人労働者にたばこを配給していた。その際に受給者の名簿を作成しており、日韓の研究団体がそれぞれ分析を進めてきた。韓国の全国紙は2023年1月、「名簿は日本の加害行為を具体的に確認するきっかけになる」と報じたのに対し、日本のあるメディアは「嗜好品《しこう》であるたば

戦時中に佐渡の写真館が撮影したとみられる朝鮮人労働者の妻・朴順伊（後列右から3番目）らの記念写真

こを与えていたのに、強制労働と呼ぶのはおかしい」と反論した。

朝鮮人の足跡継承、登録の一助に

長年、在日コリアンに聞き取りをしてきた青丘社の理事長、三浦知人（68）は「朝鮮人労働者やその家族は本当に厳しい状況だったと思うが、みんな夢や希望があったのではないか」と語る。

朴は終戦間際、夫や子どもたちと一緒に知り合いのつてをたどって川崎市に移り住んだ。飲食店を開き、日本人を店員として雇って繁盛させた後、店を人に貸して鉄スクラップ業を始め、子ども６人を育て上げたという。

三浦らは、朴らの聞き書きをホームページ「川崎在日コリアン生活文化資料館」などで公開している。一人の人間としての朝鮮人たちの歴史を、広く知ってもらいたいという思いがあるからだ。

「朝鮮人の足跡を日本の地域社会の中に織り込んでいくことが、共生社会づくりに必要な作業だろう」。佐渡金山の登録推進にもプラスになると考えている。

政治問題化　思い複雑

佐渡市相川地区の住民の記憶には朝鮮人労働者らの姿が、街には寮や共同炊事場の遺構が残った。当時、労働者の家族らと交流のあった男性（80）は「日本も韓国も歴史認識に関して言うことが極端。別の次元の人たちが私たちの知っていることと違うことを歴史としてしゃべっている」と漏らす。

共同炊事場跡があるのは、町歩きを楽しむ観光客も多い上町地区の通り沿いだ。現在、現地には看板などその土地の歴史を示すものはない。地域で観光ガイドを務める斎藤本恭《ほんきょう》（70）は「説明しないのは変だ。何も隠す必要がない」と強調する。一方で同じガイドの間でも、世界遺産への取り組みをきっかけに歴史認識が注目を集めたことで、遺構を案内しにくくなったという声もある。「自分の知っていることを伝えて、政治的ないざこざに巻き込まれたくない」。複雑な思いがある。

佐渡観光交流機構によると、海外から佐渡を訪れる観光客は年間8千人ほどで、台湾やアメリカが中心。韓国の旅行者は少なく、年間100人以下にとどまる。交流の機会は多くない。

2015年、新潟市在住で韓国出身の舞踊家が、佐渡金山で亡くなった労働者を追悼するイベントを佐渡で企画した。韓国から来た舞踊団らが踊ったほか、無宿人《むしゅくにん》らに関する講演会もあった。「高齢者に戦時中の話を聞き、日本人は怖いと思っていたが、大歓迎を受け驚いている」と、舞踊団のメンバーの一人は語った。開催に携わった島内に住む永田治人《はるひと》（73）は「その言葉が開催の一番の意義だ」とかみしめた。

佐渡金山で亡くなった労働者を追悼する集いで、踊りを披露する舞踊団のメンバー＝2015年、佐渡市

交流深め互いに理解を

一方で開催には、朝鮮人労働者について触れることが世界遺産登録の妨げになると、島内外から懸念する声も上がった。実際、抗議を受けたり、ネット上で中傷されたりもした。それでも、永田はこうした民間交流が登録推進を後押しすると信じている。「互いに理解が深まり、韓国の人にもたくさん訪れてもらうのが理想だ」と話す。

これ以前にも、地元では朝鮮人労働者問題を考える動きがあった。１９９５年、島内の企業などからの寄付金で元労働者を佐渡に招き、証言を聞く会が開かれた。面会した当時の相川町長が「迷惑をかけたこともあったと思う。これからは理解と協力の中で交流を深めたい」と述べるなど、歓迎する雰囲気があったという。

しかし、経済的事情などから交流は下火になる。活動に取り組んだ一人の小杉邦男（85）は「朝鮮人労働者がいたことを示すような碑を建立するなど深い交流になっていたら、今の状況は変わっていたかもしれない」と振り返る。

登録活動のきっかけをつくった元筑波大教授・田中圭一は著書「佐渡金山」で「佐渡の持つ顔は、その光の部分と影の部分のコントラストが鮮烈である点で他国に優れている」と記した。戦時が遠くなる中、登録活動で注目が集まるこの機に地域の歴史をどう捉えるか。地元の思いは政府に、隣国に届くのか。

日韓政府「強制労働」の認識に差

主張の対立「佐渡」の壁に

世界文化遺産の登録を目指す「佐《さ》渡《ど》島の金山」を巡り、日韓両政府の主張が対立している。その根本にあるのが「強制労働」に対する認識の違いだ。元徴用工訴訟問題について両政府が解決策で合意。尹錫悦《ユンソンニョル》大統領の来日で日韓首脳会談も実現するなど関係修復に期待は高まるが、韓国国会は佐渡金山の推薦申請の取り下げを日本政府に要求しており、先は見通せない。両国の主張の食い違いとは何か。「強制労働」を軸に、識者の分析を踏まえて考える。

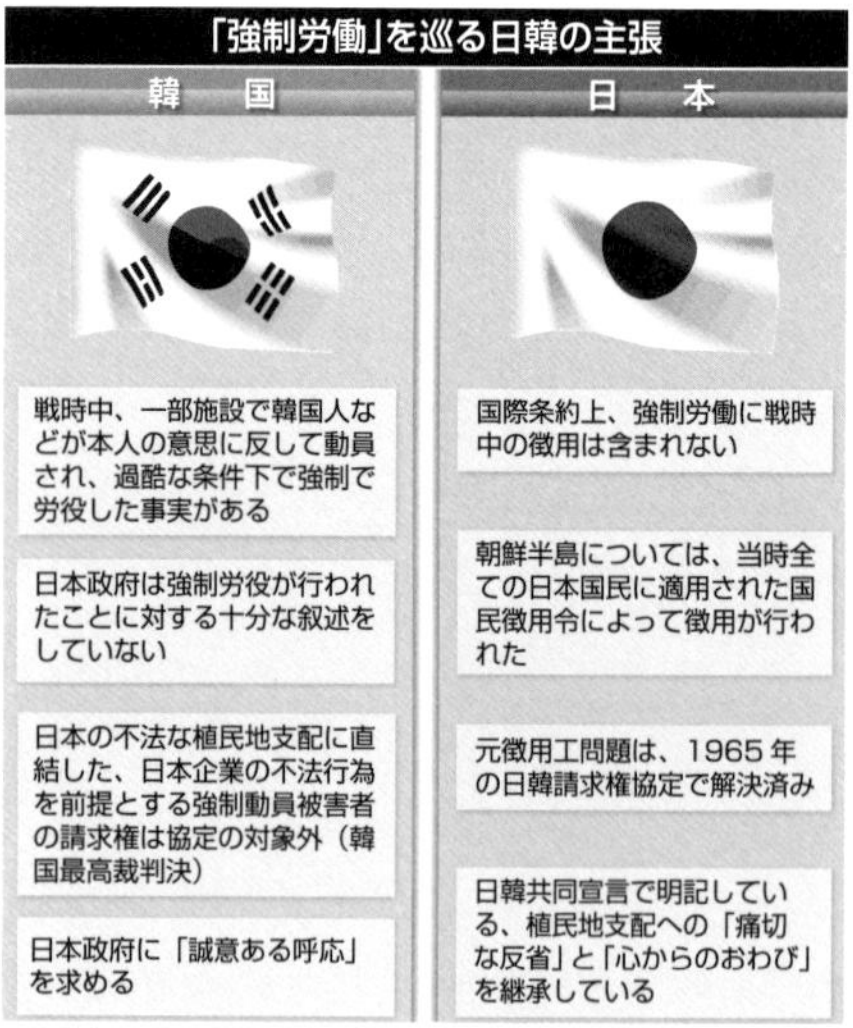

韓 国	日 本
戦時中、一部施設で韓国人などが本人の意思に反して動員され、過酷な条件下で強制で労役した事実がある	国際条約上、強制労働に戦時中の徴用は含まれない
日本政府は強制労役が行われたことに対する十分な叙述をしていない	朝鮮半島については、当時全ての日本国民に適用された国民徴用令によって徴用が行われた
日本の不法な植民地支配に直結した、日本企業の不法行為を前提とする強制動員被害者の請求権は協定の対象外（韓国最高裁判決）	元徴用工問題は、1965年の日韓請求権協定で解決済み
日本政府に「誠意ある呼応」を求める	日韓共同宣言で明記している、植民地支配への「痛切な反省」と「心からのおわび」を継承している

労働を巡る日韓の歴史認識の対立は第２次世界大戦前までさかのぼる。朝鮮半島を植民地支配してきた日本政府は１９３９（昭和14）年、日中戦争の長期化に伴う労働力不足を受け、日本への労務動員計画を閣議決定。「募集」の形で労働者を集めた。

太平洋戦争下の１９４２年以降は「官あっせん」、１９４４年には国民徴用令を朝鮮半島にも適用した「徴用」へと変化。労働者の移入には警察の介入や法的な拘束力が伴うなど、「強制」の色を強めていった。

韓国政府は「韓国人らが本人の意思に反して動員され、過酷な条件の下、強制で労役した」とし、戦時中に佐渡金山などの鉱山や工場で強制労働があったと主張している。

一方の日本政府は１９９５年の村山談話や１９９８年の日韓共同宣言など、歴代首相が植民地支配への「痛切な反省」「心からのおわび」を述べてきた。

だが、強制労働に関する主張は別だ。朝鮮半島から労働者が移入した経緯は募集や官あっせんなどさまざまで、ひとくくりに「強制連行」とするのは不適切だと強調。「徴用」はすべての日本国民に適用された徴用令に基づくものと繰り返し、国際労働機関（ＩＬＯ）の「強制労働条約」で禁じられた強制労働には当たらないとしている。

この認識の違いが世界遺産登録の場面で顕在化してきた。

朝鮮半島出身の労働者と日韓関係を巡る動き

1910年	日韓併合
38年	国家総動員法が公布
39年	朝鮮半島から日本への労務動員計画を初めて閣議決定。以後、1945 年まで毎年策定される。
	国民徴用令が公布。朝鮮半島出身労働者の募集開始
41年	太平洋戦争が開戦
42年	「朝鮮人労務者活用に関する方策」を閣議決定。官あっせんによる労働者の送出が始まる
44年	「半島人労務者の移入に関する件」を閣議決定 国民徴用令を朝鮮半島にも適用し、徴用が始まる
45年	太平洋戦争が終戦
65年	日韓基本条約で国交正常化。日韓請求権協定で、両国と国民の間の請求権問題が「完全かつ最終的に解決された」と明記
95年	村山談話を発表。「植民地支配と侵略への反省とおわび」を明記
98年	小渕恵三首相と金大中大統領が日韓共同宣言を発表。植民地支配に関し「韓国国民に多大の損害と苦痛を与えた歴史的事実を謙虚に受け止める」とし「痛切な反省と心からのおわび」に言及
2018年	韓国の大法院（最高裁）で元徴用工への賠償を命じる判決が確定。日韓間の最大の懸案に
21年	菅義偉内閣が戦時中の労働者に「強制連行」「強制労働」との表現を使うのは不適切とする答弁書を閣議決定
23年	韓国政府が元徴用工訴訟問題の解決策を発表

２０１５年に登録された「明治日本の産業革命遺産」では、長崎市の端島（通称・軍艦島）など戦時下の労働を巡り日韓が激しく対立。中でも、登録決定時に韓国が予定していた陳述の草稿にあった「ｆｏｒｃｅｄ　ｌａｂｏｒ」が紛糾の種となった。「ｌａｂｏｒ」には「苦役」の意味があり、強制労働を想起さ

せるとして、日本政府が猛反発。本来的な労働を意味する「ｗｏｒｋ」を用いた「ｆｏｒｃｅｄ　ｔｏ　ｗｏｒｋ」で落ち着かせたが、両国の歴史認識問題の根深さを国際社会であらわにした。

韓国政府は、軍艦島と同様に「強制労働の場だった」として、佐渡金山の世界遺産登録にも反発。対立の解消に向けた結論は出ていない。

日韓関係に詳しい専門家は「朝鮮半島からの動員や労働の実態を伝える資料は多く残っている。日本政府がしっかり整理して説明しない限り、世界遺産の問題は進まないのではないか」と指摘している。

識者の分析

労働実態　政府は説明を

東京大大学院教授
外村　大氏

戦時中の朝鮮半島から日本への労働者移入には、「募集」「官あっせん」「徴用」があるが、実態としては変わらない。

「募集」は形式的には企業の募集が主で、手続き的には職業紹介所が担っていた。「官あっせん」は村の役人と警官が取りまとめていたが、いずれも人数のノルマがあった。ある村では「1週間に100人を集めよ」といった具合で達成は厳しく、強制的に集めざるを得なかった。

「徴用」は国家総動員法による行政命令のため、国家が責任を持って自由を奪うことになる。問題なのは、徴用の本拠となる総動員法の制定に朝鮮半島の人たちが関わっていないことだ。いわば現地の意向を無視した法律に基づく動員で、それも強制と言えるだろう。

そもそも、強制か否かは本人にしか分からないことで、他人には判断できない。少なくとも朝鮮という土地を豊かなものにしようと思っていた人たちが、日本に連れて行かれるのは本意ではない。本人たちが「きつい労働をさせられた」と語るなら、それは尊重すべきだ。

日本政府は朝鮮半島出身者の労働については「徴用」であり、強制労働には当たらないとしているが、募集や官あっせんで事実上働かせていた人たちはどうなのか。その部分はしっかりと説明しなければならない。自国の歴史に向き合わず、かたくなに否定するのは道義的によいのか。他国からも問われることになる。

〈とのむら・まさる〉１９６６年、北海道生まれ。早稲田大第一文学部卒、同大大学院文学研究科博士後期課程中退。東京大大学院総合文化研究科准教授を経て、２０１５年から現職。専門は日本近現代史。主な著書に「朝鮮人強制連行」がある。

負の側面伝え理解得よ

立命館大名誉教授
文　京洙　氏

「日本の植民地時代は悪いことだけでなく、良いこともあった」といった主張は、最近は韓国国内でも見られるが、戦時下の朝鮮人徴用自体を肯定的に捉える意見はほとんどない。

元徴用工訴訟問題で日韓両政府が解決案に合意したが、韓国側が妥協して得られた成果であり、すでに野党が反発している。この解決策をもって、佐渡金山の世界遺産登録を楽観的に考えることはできない。

韓国側は佐渡金山の価値そのものや、登録を目指すこと自体を否定しているわけではない。輝かしい歴史を世界に誇りたいという思い自体は、説明すれば韓国人も了解できる。「明治日本の産業革命遺産」も同じだ。ただ、日本人のアイデンティティーに関わる明治時代の歴史は、韓国人から見れば、帝国主義や軍国主義、植民地支配のイメージに重なる。歴史感覚や認識の違いを踏まえて、互いに考える必要がある。

佐渡にいた朝鮮人労働者は、地域になじむなど、環境が比較的良かった面はあるのだろう。しかし、逃亡もあり、過酷な労働条件だったことは確かだ。

佐渡金山の推薦の範囲ではないとしても、朝鮮人徴用の歴史を何かしらの方法で示すといった提案がなければ、議論は進まないだろう。

謝罪が必要とは言わないが、負の側面を説明してほしいと韓国側は求めている。それが日本の誇りにつながるし、世界的なアピールにもなるはずだ。

〈ムン・ギョンス〉１９５０年、東京都生まれの在日コリアン２世。法政大大学院社会学研究科修士課程修了、立命館大国際関係学部教授を経て２０１６年から現職。専門は政治学、韓国現代史。主な著書に「文在寅時代の韓国―『弔い』の民主主義」がある。

尹政権時 解決の好機に

神戸大大学院教授
木村 幹 氏

尹錫悦大統領は日韓関係の改善に、非常に前のめりだ。世論の批判が多少あってもリスクを負う政策を取った。政権が安定している間は日韓関係は良い方向に回る。尹氏は佐渡金山を含む懸案をまとめて解決したいと思っているはずだ。チャンスだと思う。

韓国国会が日本に対し、登録申請の撤回を求める決議案を可決した影響は、ほぼない。国会は野党が多数で、何をしようと尹政権は気にしない。二大政党制の韓国は政権が変われば方針が覆されるが、尹氏の任期はあと4年ある。この時間で試行錯誤して方針を決めれば良い。

佐渡金山の問題は日本にボールがある。世界遺産の端島を含む「明治日本の産業革命遺産」の展示について、世界遺産委員会が「遺憾」と決議した。国連教育科学文化機関（ユネスコ）に真正面から批判されている状態で、この問題をなんとかするのが大前提だ。その延長線上に佐渡金山がある。

韓国政府が元徴用工訴訟問題への措置を発表したが、両国は植民地支配が合法か否かや「強制労働」の定義を議論しないことで終わらせようとしている。当然、日韓の見解の違いは残り続ける。

日本政府が「日本の見解は間違っていないから『歴史戦』だ」と言っても、理解は得られない。政府として責任のある対応でもない。一部の歴史だけを切り取らず、ネガティブなものもポジティブなものも全部を展示すれば良い。それが呼応措置になるはずだ。

〈きむら・かん〉1966年、大阪府生まれ。京都大法学部卒、同大大学院法学研究科博士課程中退。神戸大大学院国際協力研究科助教授などを経て2005年より現職。専門は朝鮮半島地域研究。主な著書に「日韓歴史認識問題とは何か」がある。

第5部　「影」の先に

世界文化遺産を思い浮かべたとき、輝かしい歴史の産物をイメージすることが多いのではないだろうか。だが、国家間の戦争や政争などを背景とした「影」を抱える遺跡は国内外を問わず存在する。世界遺産登録を目指す「佐渡《さど》島の金山」でも、江戸時代に多くの人が過酷な労働を強いられた歴史がある。影をどう乗り越え、その先に価値を見いだすのか。広島の原爆ドームを皮切りに、影を抱える国内外の遺産を掘り下げ、世界遺産の真価を改めて見つめる。

葛藤超えた原爆ドーム

骨組みだけの天井、内部をさらけ出すれんがの壁、地面に飛び散ったがれき―。78年前以前の姿を、まったく想像することはできない。物言わぬ建物が、ただそこに存在するだけで戦禍の惨状を訴えかけている。

１９９６年、国連教育科学文化機関（ユネスコ）の世界文化遺産に登録された広島市の「原爆ドーム」。米国軍機が投下した、たった1発の原子爆弾が一瞬で街と人の営みを奪い去った。爆心地からわずか１６０メートル。ほぼ真上で炸裂《さくれつ》しながら、ドームはかろうじて形をとどめた。

元々は大正時代に建てられた県産業奨励館。モダンなデザインで、物産展や博覧会が連日のように開かれる、広島の名所だった。だが、１９４５年８月６日を境に、市民自慢のシンボルは目を背けたくなる負のシンボルへと姿を変えた。

ドームを壊すべきか、残すべきか。終戦直後から長らく、被爆者の間には葛藤があった。

「首がもがれた者もおるし、皮膚が流れた者もおる。ドームを見ればどうしてもよみがえってしまう。でも、残さんと視界から消えて伝えられんようになる。気持ちは複雑やった」。幼い頃に爆心地から２キロ圏内で被爆した80代男性は語る。

西日を背に立つ世界遺産「原爆ドーム」。痛々しい姿をありのままに示すことで、惨禍を伝え続ける＝広島市中区

永久保存が市議会で決議されたのは１９６６年。きっかけは１歳で被爆し、16歳で生涯を閉じた楮山《かじやま》ヒロ子の日記だった。「あの痛々しい産業奨励館だけが、いつまでも恐るべき原爆を後世に訴えてくれるだろうか」と記されていた。

その遺志に胸打たれ、市民が起こした署名活動は大きなうねりとなり、保存へとかじが切られた。それは、世界遺産への下地となっていった。

終戦から半世紀が迫った１９９２年。日本が世界遺産条約に批准したことを契機に、広島の原爆ドームを世界の原爆ドームへ変えようと市民が再び立ち上がった。

登録に尽力した当時の広島市長、平岡敬《たかし》（95）はかみしめるように語る。「世界遺産を目指すときにも、市民の声があった。国際平和都市の原点、広島のアイデンティティーだ」

だが、登録への道のりは平坦《へいたん》ではなかった。

国を動かした市民の声

1992年9月、広島市議会が原爆ドームを世界遺産にするべく意見書を採択した。歩調を合わせるように、県と県内の全86市町村議会も国に対し、要望書を提出。広島の熱は、一体となって高まっていた。だが、最初の壁は国内にあった。世界遺産に登録されるためには、推薦候補が対象国の国内法で保護されているのが前提となる。ドームは国の史跡指定を受けていなかった。

地元の盛り上がりに水を差すかのように、文化庁の態度は頑《かたく》なだった。「建築後100年に満たない建造物は史跡として認められない」。文化財保護法を盾に、決して首を縦には振らなかった。「文化庁は『ただのコンクリートの残骸で建築的価値がない』と言い放った。規定にないから当たり前ではあるが、頭が固い。その残骸こそが貴重なのに」。元広島市長の平岡敬《たかし》（95）は当時を思い返し、顔をゆがめた。

後押しとなったのは、永久保存を決めた1966年と同じ、市民の揺るぎない声だった。労働組合を束ねる連合を中心に、平和団体や弁護士会、医師会なども加わり、全国で署名活動を展開した。1993年夏からわずか1年。集まったのは、目標の100万を大きく超える165万筆だった。

1994年、平岡は首相官邸に当時の首相、羽田孜を訪ねた。総理大臣室で顔を合わせ、市民の熱い思いをかなえてほしいと直訴した。

「無価値」との評価一転

羽田の反応は早かった。机上の受話器を取り、文化庁を一喝した。「市長の言っていることは間違いない。広島の言う通りにやれ」。あまりの出来事に、平岡は面食らったことを今でも覚えている。

爆心地近くを流れる元安川のほとりに立つ平岡敬。「人類の恥ずべき歴史をあえて世界遺産にするのは、理性ある人間の試みだ」と力説する＝広島市中区

戦後50年の節目。羽田には非自民の連立政権として、戦争に対する新たな姿勢を示す思惑があった。原爆ドームを通じ、核兵器の悲惨さを訴えることができる唯一の被爆国だと世界にアピールする狙いもあった。

加えて、閣内からも世界遺産への推薦を求める声が上がっていた。羽田内閣で当時の総務庁長官だった公明党の石田幸四郎は同じころ、閣議後の会見で「（ポーランドの）アウシュビッツ強制収容所も世界遺産に入っている。原爆ドームも前向きに検討すべきだ」と語っている。

市民と政権幹部らの声に押された文化庁は、史跡指定基準の見直しを迫られた。結局、これまでの明治中期から、第２次大戦終結ごろまでに対象時期を拡大することとなった。

1995年6月、原爆ドームは念願の国史跡指定を果たし、世界遺産の推薦条件をクリアした。

民間シンクタンク、世界遺産総合研究所（広島市）所長の古田陽久《はるひさ》（72）は、一連の動きをこう評する。

「市民運動が国を動かし、文化財保護法を変え、ドームを国際舞台へと上げた。異例中の異例であり、そのエネルギーはとてつもない」

高かった国内の壁を乗り越え、広島市民の思いが結実するまで、あと一歩。しかし、その眼前には米国、中国という二つの大国が、またしても壁として立ちはだかった。

米中は歴史認識で反発

1996年12月、メキシコ・メリダ。会場では原爆ドームの世界文化遺産登録を審議する、世界遺産委員会が開かれていた。

原爆投下の当事国として非難を浴びたくない米国は「第2次世界大戦を終結させるため、米国が原爆を使用する以前の出来事が重要で、加害の歴史的視点が欠けている」と指摘。日本は同盟国だとしながらも「この登録において、友人を支持することはできない」と強く反発した。

一方、登録によって日本がアジア諸国に対する加害責任を免れるのではないかと、危機感を持った中国も異論を唱えた。

方向性は違えど、両国とも問題視したのは日本の歴史認識だった。

この1年前、オランダ・ハーグの国際司法裁判所（ＩＣＪ）では、核兵器の使用が国際法違反に当たるか審理が行われていた。当時、広島市長だった平岡敬《たかし》（95）は被爆の実相を語ってほしいという日本政府の要請を受け、長崎市長・伊藤一長《いっちょう》とともに法廷に立った。

しかし、「法的見解には触れないこと」との政府の意向に反し、平岡はこう訴えた。「市民を大量無差別に殺傷し、放射線障害による苦痛を人間に与え続ける核兵器の使用が、国際法に違反することは明らかだ」

結局、ＩＣＪは東西冷戦時代の核抑止力に配慮する形で核兵器使用の違法性について判断を回避したが、「核軍縮を進める必要がある」と強調。平岡ら被爆当事者の陳述は国際社会に大きなインパクトを与えた。

メキシコでの審議でも「人類史上初の原爆被害」という事実は重かった。米中両国は国連安保理の常任理事国でもある。核廃絶を願う国際的な潮流の中で、原爆ドームの世界遺産登録に表立って反対し続けることはできなかった。最後まで登録反対の考えは曲げなかったが、採決の場面で米国は離脱し、中国は賛否を留保。結果、全会一致で登録となった。

世界遺産に詳しい元政府関係者は「米国としてみれば、政治的にも原爆には触れてほしくないというのが本音。棄権したのは日米関係が悪化するリスクを避けた大局的判断だった。中国は自国の立場をアピールしつつ、メンツを保つためだった」とみる。

原爆ドームは世界遺産として永久の証言者になった。

「核なき世界」掲げるシンボルに

地元紙・中国新聞の記者として長年取材してきた経験も踏まえ、平岡は断言する。「原爆が国際法違反だという考えは記者時代から一貫している。世界遺産への活動は米国に罪を忘れさせないためにやってきたことであり、ドームは核時代に対する警鐘だ」

永久保存の決定から世界遺産登録へと、段階的に存在感を増していった原爆ドーム。今や戦禍の悲惨さを伝える遺構だけにはとどまらない。

原爆研究が専門の広島大学平和センター長、川野徳幸（56）は「ドームの永久保存を市議会が決議した1960年代から、広島は平和都市として『ヒロシマ』と呼ばれるようになった。ドームも核なき世界を標榜《ひょうぼう》するシンボルとして意味が付与されていった」と説く。

世界遺産登録から約30年。原爆ドームは悲惨な負のイメージを背負いつつも、歴史認識を問い、人類共通の課題である平和を訴える存在として、ヒロシマにあり続ける。

原爆ドームを含む平和記念公園には、海外から訪れる観光客が目立つ＝広島市中区

国境近くの遺跡で武力衝突も

カンボジアの山岳地帯、標高約620メートルの断崖に鎮座する世界文化遺産「プレアビヒア遺跡」。ク

メール王朝が9世紀に建立した石造りの寺院は、華麗な彫刻が施され、神聖さを漂わせている。遺跡はちょうど、タイとの境にある。両国は遺跡周辺の国境線を巡って半世紀以上前から長く対立を続けてきた。

カンボジアの推薦によって遺跡が世界遺産登録された２００８年7月。登録に反対するタイ人が寺院に向かうため検問を突破し、カンボジア軍に身柄を拘束された。これを皮切りに両国軍による衝突が激化。国際司法裁判所の命令を受け、２０１２年に両国軍が撤兵するまで交戦を繰り返し、民間人を含む多数の死傷者を出した。

登録に前後して、両国では内政に大きな動きがあった。２００６年、タイで軍部によるクーデターが起き、タクシン政権が崩壊。カンボジアでは２００８年に総選挙が行われ、フン・セン政権与党が大勝した。

カンボジア情勢に詳しい、ジェトロ・アジア経済研究所（千葉市）の初鹿野《はつかの》直美（45）は「カンボジアは世界遺産登録によってタイを刺激することで国内政治の安定を図り、タイでは反政府運動の材料として国境問題が使われた。互いにナショナリズムの対立を政治利用してきた」と説く。

現地で遺跡の保護や住民のサポートに携わるＮＰＯ法人「アジアの誇り・プレアビヒア日本協会」（東京）理事長、森田徳忠（85）は地域住民を思いながら、嘆く。「国境周辺の人々はみな、昔からの知り合い。いがみ合ってなんかいないし、対立したくもない。両国がただ存在感を示したいだけだ」

登録賛否が政争の具に

中東でも国同士の対立が世界遺産登録に影を落としたケースがある。国連教育科学文化機関（ユネスコ）の諮問機関・イコモスが登録勧告をしたにもかかわらず覆されたイスラエル推薦の「ダンの三連アーチ門」だ。

２００８年の世界遺産委員会で審議されたが、ヨルダンなどアラブ諸国が遺跡周辺の国と国境問題があるとして登録に反対。２０１１年の世界遺産委員会では「問題が解決するまで審議を延期する」とされ、今も未登録のままだ。

世界遺産条約に精通する九州大准教授、田中俊徳（39）は「この10年、世界遺産が政治化する傾向が強くなった」とみる。世界遺産の本来の理念は、人類共通の遺産を各国が力を合わせて破壊から守ることだとし「各国の貴重な予算や時間を、対立やロビー活動のために浪費すべきではない」と強調する。

世界遺産登録を目指す「佐渡《さど》島の金山」は歴史認識を巡る日韓対立で揺れる。文化遺産の専門家、北海道大准教授、岡田真弓（40）は「戦争や植民地に関わる歴史には、被害・加害という対立する見方がどうしても生まれてしまう」と説明する。

国同士のハレーションを減らすためには「歴史にさまざまな見方があることを強く意識しつつ、世界遺産そのものの価値を世界に向けて説明することが大切だ」と指摘した。

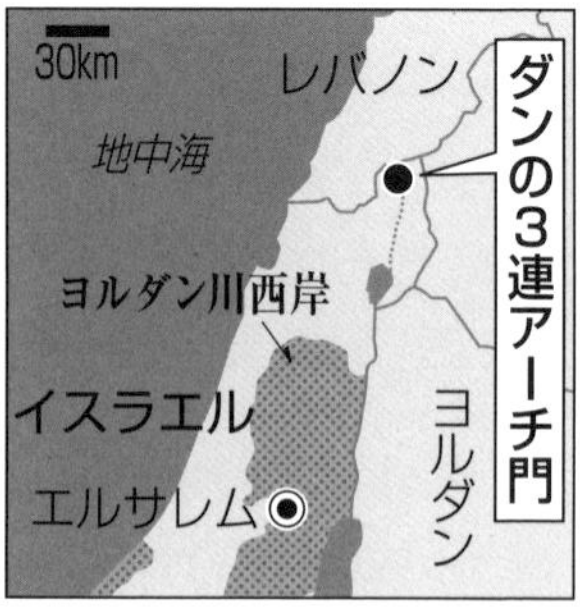

過酷な労働担った「無宿人」

国連教育科学文化機関（ユネスコ）に提出した「佐渡島《さど》の金山」の推薦書で、対象とした江戸期にも「影」はある。坑内で過酷な作業を強いられた「無宿人《むしゅくにん》」だ。

2023年4月中旬、佐渡金山にほど近い山中にある「無宿人の墓」で営まれた供養祭。毎年の恒例行事で、線香の煙が立ち上る中、花が供えられた墓碑に市民が目を閉じ、手を合わせた。

供養祭を営むのは、島内の僧侶らだ。代表の大澤妙説《みょうせつ》（76）は「無宿人の苦しみがあったからこそ、相川の繁栄があるんですよ」と語る。世界遺産に登録されたあかつきには、世界の人々にも広く知ってもらいたいと思っている。

無宿人とは、貧困や天災、罪に問われたなどの理由で古里に居られなくなり、無戸籍になった人たちだ。江戸中期以降、飢饉《ききん》や災害が相次いで無宿人が江戸に流れ込んだため、幕府は治安悪化に頭を悩ませていた。そこで、幕府は1778（安永7）年から、無宿人を佐渡へ送り込んで働かせる施策を採った。江戸や大坂、長崎などで無宿人は捕らえられ、唐丸籠に押し込められて佐渡へ送られた。その数は幕末までおよそ2千人に上る。

従事した作業は、金山の坑内に際限なく湧き出る水をくみ上げる排水作業「水替《みずかえ》」だった。坑道の水没を防ぐ重要な役割だったが、重労働の上、ともしびに使った魚油の煙を吸い込むため、体を壊し命を落とす者も多かった。

過酷な環境の下、無宿人たちが逃走して民家に押し入ったり、仲間内で刃傷沙汰を起こしたりしたこともあった。

乱暴な印象覆す逸話も

一方で、佐渡金山の研究者で佐渡中等教育学校の教諭、余湖《よご》明彦（59）は「無宿人といっても、さまざまな人がいた。もっと多様な見方がされるべきだ」と考える。見方の一つとして余湖が挙げるのが、佐渡奉行・川路聖謨《としあきら》が書いた日記「島根のすさみ」に出てくる無宿人のエピソードだ。

1840（天保11）年、川路は家来から、年に1度無宿人に外出を許す日があると告げられた。川路は、100人もいる無宿人が一斉に外出すると知って不安になり、「取り締まりに抜かりのないように」と命じた。ところが、家来は「無宿人たちは毎年、海で身を清め、亡くなった仲間の墓参りをします。おとなしいものです」と答え、川路は驚いた。

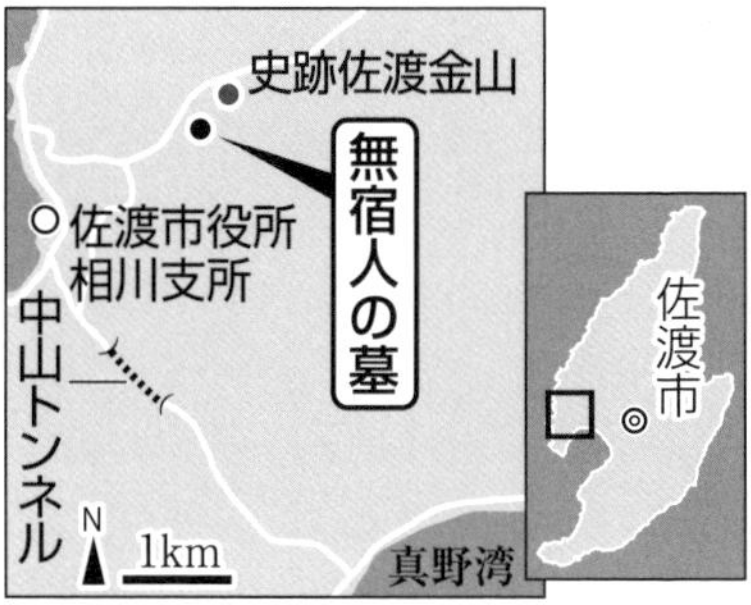

無宿人の供養祭で、墓参りをする参加者。当時の辛苦に思いをはせ、冥福を祈った＝2023年４月、佐渡市相川地区

「無宿人の歴史には、非人道的な側面だけでなく、一個の人間としての温かなエピソードもあった」と余湖。歴史の悲惨な面だけを感情的になってみるのではなく、また称賛するだけでもなく、光と影の両面か

ら史実を捉え、伝えることが重要だと考える。

無宿人の墓前には、今も1年を通じて新しい花が常に供えられている。余湖は話す。「相川の人たちの気持ちが、今も無宿人と通っているのだと思います」

推薦書の対象期間外だが、佐渡金山では、戦時中の朝鮮人労働者を巡る問題などほかの「影」もある。世界遺産登録を目指す上で、向き合い方が問われている。

「平和観光」訪問促す

原爆ドームが世界遺産に登録された広島は、戦争という「影」とどう向き合っているのだろうか。「人間は忘れたら繰り返す。この原爆ドームは『忘れてはいけない』という強い思いを込めて残しているんだということが伝わってほしい」。広島市の平和記念公園を案内するピースボランティアの横山正希子《まきこ》(57)は強調する。

広島市によると、新型コロナウイルス禍前の観光客は年間約1400万人。世界遺産登録や2016年のオバマ米大統領訪問などを通してその存在が世界に広まり、欧米を中心に各国の人々が行き交う。

横山は原爆ドームを前に、世界遺産登録に向け市民の署名活動があったことや、保存工事が何度も行われてきたことを観光客に説く。惨状に思いをはせ、自国の抱える紛争や課題を口にする人も多い。

広島市では、2017年から「ピースツーリズム(平和観光)」を掲げた発信を始めた。ドーム近隣の被爆建物や被爆樹木などを組み合わせたモデルコースを来訪者に示し、市街地を巡ってもらう。

ピースツーリズム推進懇談会の原田浩（83）は、市の国際平和担当理事を務めるなど平和行政に長年携わってきた。1996年の世界遺産登録を「高い壁を乗り越えた感激は生涯忘れない」と振り返る。

自身も6歳で被爆。惨事の現場を観光地にすることには違和感があるが、多くの人を呼び込み、現場を体感してもらうことは平和を訴える上で大きな意味があるとも感じている。

共感広げる仕掛けを模索

平和記念公園周辺にはドーム以外にも、焼け残って資料館として活用される本川《ほんかわ》小と袋町小校舎の一部や、中国軍管区司令部跡などがある。当時の焼け跡や、安否を尋ねる書き込みが残る貴重な場所だが、訪ねる人は多くない。世界的に知られているドームや資料館を目指して訪れる人々に、より多くの平和関連施設の存在を知ってもらい、訪れてもらうことを目指した。

商店街などもコースに含めている。遺構の見学から一歩踏み込み、市民との交流を通して戦禍から立ち上がった広島の復興にも目を向けてもらいたいとも考えた。市観光プロモーション担当課長の増谷秀樹

「国が違っても、平和や子どもたちへの思いは重なるところを感じられる」と話す横山正希子。ボランティアガイド活動に12年取り組んできた＝広島市中区

（53）は「『75年は草木も生えない』と言われた広島はここまで復興を遂げている。興味が薄い人にも振り向いてもらう仕掛けを考えていきたい」と意気込む。

世界遺産として永久に残される原爆ドームは、戦時の記憶をとどめるだけでない。国家が戦争に突き進んだ末に原爆が投下された現実を、後世にどう伝えていくか。

２０２３年5月19日には先進7カ国首脳会議（Ｇ７サミット）が広島市で開催された。各国の代表が集まることで、報道を通して平和都市・広島について世界に発信する絶好の機会になると、関係者は期待する。原田は「市民の意識を盛り上げ、世界中から訪れる人たちと不戦の思いを共有することが重要だ」と力を込めた。

「負の要素」学び深める契機に

１９９０年代に英国の研究者が提唱した「ダークツーリズム」という新しい概念がある。戦争や災害をはじめ悲劇や辛苦の現場を巡る「学び」の旅だ。

研究の国内での第一人者である金沢大教授、井出明（54）と、産業遺産や労働史に詳しいハーバード大教授、アンドルー・ゴードン（70）が２０２３年4月上旬、佐渡市を訪れた。目的は、無宿人の墓や朝鮮人労働者の炊事場跡など、佐渡金山周辺の遺構を巡ることだ。

一行はガイド役をした郷土史家とともに地域を歩いた。史跡佐渡金山の代表的な見学コースで、江戸初期の坑道跡である「宗太夫坑コース」を訪れた際は、技術だけではなく、人形や解説板を使って、江戸時代の労働者の立場から見た展示がされていることを高く評価。井出は「海外の産業遺産の展示と比べても遜色《そんしょく》ない」と語った。

一方、足を延ばしたガイダンス施設「きらりうむ佐渡」では、金の採取法など技術に関する展示に重きが置かれ、厳しい労働環境や金山を取り巻く社会情勢についての解説がないことに、ゴードンは疑問を投げかけた。「戦時中の労働事情などは当時の世界の動きとつながっている。だから、もっと細かく解説する必要があるのではないか」

現代につながる課題 問いかける

日本では暗い歴史を示す場所を指して「負の遺産」という表現がよく使われる。だが、井出は「欧米の『遺産』という概念は、負の部分も当然含まれているものだ」と話す。日本のように切り分けた考え方をしないという。例えば、世界遺産に登録されている、世界最大級の銀鉱脈があったポトシ市街（ボリビア）では、奴隷労働が行われていた。多くの繁栄の裏には過酷な労働や環境破壊、植民地主義など「影」があった。歴史を教訓として、現代につながる課題を無言で問いかける。それもまた、世界遺産の持つ価値だ。

史跡佐渡金山の坑道跡を歩く井出明（右）とアンドルー・ゴードン。遺産の価値を語り合いながらじっくりと巡った＝佐渡市

目を背けたくなるような過去の出来事に向き合い、発信することは地元にとって痛みを伴う作業でもある。佐渡のある地元関係者は「佐渡金山には価値があり、市民は長年登録に向け活動を行ってきた。『影』の部分の説明が十分でないとの指摘は理解できるが、登録が見えてきた今の段階で説明を足すことがプラスに働くのだろうか」と複雑な思いを吐露する。ただ、井出は「登録に当たり、負の要素も含めて説明した方が国連教育科学文化機関（ユネスコ）には評価される」と指摘する。

歴史の両面をありのままに伝えることが、訪れる人たちの学びを深めることにつながると井出は考える。「捉える視点が狭いと、観光が薄っぺらくなる。多面的に地域を理解してもらうことは地元にとっても決して悪いことではない」

第6部　明日への針路

「佐渡《さど》島の金山」の世界文化遺産登録への最終審査が間近に迫ってきた。悲願が達成された後、人の流れは変わるのか。遺産をどう守り、街並みを維持していくのか。世界遺産の先行地で現れた効果や課題を参考に、佐渡の明日を示す針路を探る。

「過剰な観光」歓迎と不安

佐渡市真野地区の海沿いに延びる国道から、車がすれ違うのも困難な道を走ること約5キロ。山あいに開けた集落が現れる。「佐渡《さど》島の金山」の構成資産の一つ、西三川砂金山がある笹川集落だ。

25軒60人という小所帯は、江戸時代の絵図と家並みの位置がほとんど変わっていない。平安時代の「今昔物語集」に西三川とみられる記述が残るほど歴史が深く、人力で切り崩した400年以上前の山や水路が今も見て取れる。

住民たちの間には、当たり前のように守ってきた集落に世界的な価値があると認められることが誇らしく、多くの人に歴史を感じてほしいという願いがある。

世界遺産となることを喜ばしく思う半面で、観光客が増えることでの心配もある。「勝手に敷地に入られる、辺りにゴミを捨てられる…」。集落全員でつくる「笹川の景観を守る会」会長の金子一雄（63）は警戒する。

そう思うようになったのは12年前からだ。

２０１１年、集落は国の重要文化的景観に選定。名が知られるようになると、マナーを欠く旅行者の影がちらつき始めた。庭に入り込んで写真を撮る人、ついでに山菜を採っていく人までいた。

西三川砂金山のシンボル、虎丸山を背に語り合う金子一雄（左）と本間勉。「われわれには、なりわいもある。観光客の受け入れは背伸びする必要ないんだ」と本間は話す＝佐渡市西三川

真価を知ってもらいたいが、生活を脅かされたくない。歓迎と不安のはざまで住民は揺れている。

自衛の意味も込め、守る会は登録後の受け入れ方針を固めようと話し合う。平日は一般車両の乗り入れを遠慮してもらう。休日は時間予約制でガイド付きの周遊に限る―。集落の総意は近いうちにまとめる予定だ。

集落の歴史に詳しい「守る会」理事の本間勉（71）は、その価値が胸を張れるものだと熟知する。それだけに注文したい思いも強い。「一度だけ来て『何もないじゃないか』と帰られては立つ瀬がない。何度も通って理解しようとする人に来てもらえないだろうか」

「オーバーツーリズム」という言葉がある。観光公害とも観光

過剰とも言われる現象は、見学場所と住民の生活空間が近いほど起きやすいと指摘される。

世界遺産と観光問題に詳しい城西国際大教授の佐滝剛弘《よしひろ》（63）は、こう説く。「観光客と住民の動線を分け、ルール厳守を徹底する策を早く練るべきだ。登録した時のことを考えるのではなく、その5年後、10年後のビジョンをきちんと持たないと住民が翻弄《ほんろう》されることになる」

集落そのものが世界遺産になるとはどういうことなのか。それを象徴する場所が岐阜県の山あいにある。

岐阜・白川郷　渋滞対策に試行錯誤

険しい山々に囲まれた盆地に、茅葺《かやぶ》き屋根の古民家が整然と立ち並ぶ。岐阜県白川村にある白川郷・合掌造り集落は1995年、富山県の五箇山《ごかやま》とともに登録された国内6件目の世界遺産だ。平日でも多くの観光客が行き交い、土産物店も飲食店も活気を帯びている。

世界遺産の効果は絶大だった。登録前の年間観光客数はおおむね60万人前後だったが、1995年を境に右肩上がり。1999年に100万人を超えると、2019年には215万人に達した。

村の人口は1500人。その千倍超もの観光客が押し寄せる「オーバーツーリズム」に陥った。

顕著だったのは交通渋滞だ。「世界遺産登録から20年、村は交通対策に明け暮れることになった」。白川村役場の職員で合掌集落の保全を担う松本継太（47）は述懐する。

アクセスの悪さから「陸の孤島」とも呼ばれた白川郷は1995年以降、高速道が急速に整っていった。2008年に金沢や名古屋など都市と結ばれると、観光車両が爆発的に増えた。

約60棟の合掌造りを構える村最大の荻町集落には当時、中心部に村営駐車場があった。集落に入れるのは県道ただ一つ。大型バスは駐車場に入るために何度も切り返す。車列はどんどん延びていく。渋滞は日常の風景になった。

「もし急病人が出たら、火災が起きたらどうなるのか」。危機感を抱いた村は１９９７年、集落外に大型駐車場を整備。完全に動線を変えるには従来の駐車場を閉鎖する以外なかった。

だが、住民の８割以上が観光に携わる集落にとって、閉鎖は簡単な話ではなかった。「田んぼをつぶして駐車場にする住民までいて、景観を損ねる危険もあった」と松本。社会実験で交通規制のやり方を10年以上試行錯誤し、集落の中は徒歩で周遊する形に変えることでようやく合意を得た。

白川郷の中心部にある荻町集落は平日でもにぎわう。住民が暮らす空間に、多くの外国人観光客らが訪れる＝岐阜県白川村

４コマ漫画、絵文字でマナー解説

渋滞問題に加えて、住民を悩ませたのが観光客のマナーだ。日本の原風景を思わせる合掌造りの雰囲気は外国人に受けた。彼らの目には集落がテーマパークのように映った。

帰宅すると、外国人が仏壇に手を合わせていた。自宅での葬式を勝手に撮影された。庭先で立ち小便をされた―。どれも実際に集落であった出来事だ。村と住民たちはマナーを解説する４コマ漫画やピクトグラム（絵文字）による案内板で注意を促すなど、地道な対策を重ねている。

国の重要文化財にも指定されている「和田家」館長の和田正人（62）は、自らに言い聞かせるように語る。「観光があったからこそ、この形で集落が残ってきた。文化の違いを丁寧に伝えていくしかない」

白川郷は集落全体が世界遺産。そこには同時に日常の暮らしがある。住民の生活と観光をどう共存させていくか。佐渡の笹川集落にも共通する課題だ。

和田は先輩の立場として、こうアドバイスする。「われわれは半世紀以上前から協力して景観を保ってきた。佐渡でも観光客が増えることを見越し、どのレベルの観光地を目指すのか考え、迎え入れるルールを作り上げるべきだ」

観光で成功をみた白川郷だが、都市間の通過点でもあり、観光客を長くとどまらせることはできていない。一方、島である佐渡は宿泊が観光の鍵を握っている。

70万人来島へ　宿泊増に期待感

年間200万人超の観光客数を誇る岐阜県の世界文化遺産・白川郷は年々、その数を伸ばし続けているが、宿泊となると10万人前後で横ばい。全体の1割にも満たない状況が続いている。観光関係者は一様に「宿の数が絶対的に足りない。日帰りメインで考えるしかない」と割り切っている。

一方、佐渡は島という特性から宿泊が主流。世界遺産登録後の観光客数増に備え、受け皿の確保は欠かせない。

島内の主要なホテルや旅館17軒でつくる佐渡観光旅館連盟は、世界遺産効果で年間50万人の観光客が70万人まで伸びるとみている。連盟会長で国際佐渡観光ホテル八幡館の総支配人を務める本間東三夫《とみお》（59）は期待を込める。「連盟の宿の部屋数を合わせれば、年間100万人まで賄える。70万人は十分もてなせる」

ただ、この数字は年間を通したもの。不安要素はある。玄関口の両津地区や金山のある相川地区でホテルの事業停止が相次ぎ、大型の受け皿が減っている。夏の書き入れ時に対応しきれるのか。くしくも世界遺産登録は例年7月ごろで、ピークと重なる。「一気に客が押し寄せると正直厳しい」のが現状だ。

多様なゲストハウスが受け皿に

こうした中で新たな受け皿として可能性を秘めるのが、民家を改築したゲストハウスだ。佐渡市観光政策監の小林大吾（36）は「相川や佐和田など全島的に増えているのは間違いない。多様化する観光客の受け皿になり得る」とみる。

西三川砂金山がある笹川集落と同じ真野地区にある「しまのかぜ」。オーナーの高杉正哉（60）は3年務めた地域おこし協力隊で島のとりこになった。

築40年の空き家を買い求め、2020年4月に開業した。新型コロナウイルス禍で、滑り出しこそ厳しさを極めたが、手頃な価格とバイクやマリンスポーツなど充実したアクティビティーが受け、2022年の宿泊客数は延べ500人。2023年も順調に予約が入っている。

２階建ての日本家屋に和室と洋室が各２部屋、最大収容12人。客の大半は外国人だ。「近くに酒造りを学べる施設もあり、平均して10日、長ければ１カ月以上滞在してくれる」という。

世界遺産に過度な期待を持たない方がいいとした上で、高杉は訴える。「佐渡には豊かな自然や文化があり、礼儀正しい人間的な魅力もある。金山を目玉に、観光の裾野をいかに広げるかが重要ではないか」

民間の動きが活発化している一方で、行政の動きが追いついていない現状もある。ゲストハウス運営の届け出先ではない市は、小規模を含めた宿泊施設の全数を把握できていないのだ。

オーナーの個性が表れやすいゲストハウスは施設やオプションなど特長もさまざま。島内の宿を一覧的に網羅できれば、観光誘客の武器ともなる。市観光政策監の小林は「数が増える中で、いかに数を把握して情報発信するか。観光客に価値の高い宿泊先を案内し、長期滞在につなげたい」とし、対応を急ぐ考えだ。

受け皿の代表格である旅館連盟の本間も、また別のアイデアを示す。「２００円でいい。ホテル税や旅館税を導入すれば、道路の景観整備や廃ホテルの解体に充てられる。世界遺産になるなら、早く見合う場所にしないといけないだろう」

島内にはもうひとつ、移動を巡る課題が横たわっている。

ゲストハウス「しまのかぜ」を営む高杉正哉。「距離感の近さが、特に外国人観光客には心地いいんだと思う。９割がリピーターです」と語る＝佐渡市真野

2次交通、レンタカーの動き活発

約280キロの海岸線を持つ日本海最大の島・佐渡に向かうには、新潟港から船に乗り、両津港に行くのが一般的だ。世界文化遺産登録を目指す「佐渡島《さど》の金山」の構成資産へはさらに車で約1時間の移動が必要になる。

港と島内の観光地をつなぐ「2次交通」で近年、動きが活発なのがレンタカーだ。6月上旬の土曜の朝、レンタカー店が多く集まる両津港前の通りには、大勢の客の姿が見られた。

佐渡市によると、島内のレンタカーは2015年10社294台で、2020年には530台まで増えた。感染禍で一時減ったが、2022年には18社419台まで戻している。今年も登録後を見据えた新規参入が続くほか、台数を倍増させる業者もある。

最大手の佐渡汽船は今春、自社のカーフェリー「こがね丸」就航を機に、小木港にも自社単独の窓口を設置、台数も約2割増強した。約半世紀、レンタカー事業を続けるが保有台数は現在が最多という。自動車部長の久保伸博（66）は「今後も需要に応じた増車を進める」と話す。

佐渡観光交流機構が観光客を対象に実施したアンケート（711人が回答）では、島内の移動手段（複数回答）として2022年度はレンタカー（44％）が最多で、マイカー（25％）、徒歩（15％）、路線バス（13％）、観光バス（7％）、タクシー・ハイヤー（5％）と続いた。

島内周遊を支えるレンタカーだが、世界遺産に登録されていない今でも、連休や夏休みは満車が続く。このままでは登録後はよりレンタカー不足が深刻になるのではないかと懸念する声も聞かれる。

2023年の5月の大型連休には「レンタカーが取れず自家用車で来た」「バスで回ろうとしたが、周遊しきれなかった。連休中は増便してほしい」などの声が観光客から上がった。

鉄道がない島内で公共交通を担っているのは路線バスだ。ただ、路線バスを運行する新潟交通佐渡は深刻な運転手不足に陥っており、増便など登録後の具体的な検討にまで手が回っていないという。

退職者分を補う新規採用ができていない上、全国的に運転手が不足する「2024年問題」も抱える。2023年4月には一部路線で休日の全便運休を決めたばかりだ。

朝一番の船で到着し、両津港前のレンタカー店を訪れる観光客。休日は多くのレンタカーが予約で埋まっている＝佐渡市両津湊

「市民ドライバー」有償送迎の実験へ

事態打開へ市が検討を進めるのが「自家用有償旅客運送」。公共交通の空白地などを対象に、市町村やNPO法人が主体となり自家用車で運送する事業だ。市民ドライバーが運転し、住民も観光客も利用できる。秋にも実証実験を始める。

現在路線バスの運転手が担う業務の一部を市民ドライバーが行うことで、主要なバス路線や観光バスに運転手を集約できる。主要路線の増便や、構成資産への直行便など観光客の利便性向上にもつながる可能性が出てくる。

冬の閑散期がある上、人材確保が厳しさを増す佐渡。人手も打つ手も限られる中、ピーク時の入り込みにだけ焦点を当てた2次交通の議論はできない。

市は2022年に始めた公用車をレンタカーとして貸し出す事業を続けるほか、自家用有償旅客運送では、登下校以外は稼働しないスクールバスの活用を検討する。「公共交通を抜本的に見直す」と断言する市長の渡辺竜五は、言葉を選びながら「観光客にとって多少不便な島であってもいい。地域と一体となった観光と、持続可能な地域づくりを目指す」と力を込めた。

保全に追われる遺産の宝庫・奈良

世界遺産は登録時の形を保ち続けなければならない。三つの世界遺産を抱える奈良県は、その保全に常に追われる状態だ。

標高千メートルを超える山並みと荘厳な寺院。2004年に世界文化遺産に登録された、奈良、和歌山、三重の3県にまたがる「紀伊山地の霊場と参詣道」は、霊場を結ぶ信仰の道だ。奈良県側の吉野山は修行の場であるとともに、春は花見客でにぎわう観光の場でもある。

山中にあるため豪雨などの影響を受けやすく、時に路肩の崩落や土砂崩れなどが発生する。2023年6月2日の大雨の後も、市町村の職員らが見回りに当たった。雨水の流れを誘導する対策はしているが、基本的には被害が発生してからの処置が中心だ。奈良県文化財保存課の鈴木裕明（54）は「史跡に極力触らないようにするため、予防策を施すのは難しい」と語る。

奈良は「紀伊山地」のほか、「法隆寺地域の仏教建造物」、「古都奈良の文化財」の世界遺産がある。構成資産は寺社に加え、広大な吉野山や計200キロに及ぶ山岳道を含む。順に保全工事を行っており、現在は吉野山の金峯山《きんぷせん》寺《じ》二王門で解体修理が進む。

国連教育科学文化機関（ユネスコ）が登録する世界遺産では、資産を国内法で保護することが求められており、日本では文化財保護法などに基づいて守られる。

奈良では文化財を県の魅力と捉え、「文化資源活用大綱」を設けて取り組む。県世界遺産室の岡本晶子（51）は「先人が守ってきたものを、教育や交流拡大など、今を生きる私たちにメリットがある形で守りたい」と力を込める。

一方で、文化財の保全には多額の費用がかかる。国指定文化財の保存修理は、約5割が国の補助、それ以外を県と市町村、所有者で負担する。奈良県が文化財保存活用にかける予算は年間約7億円という。

檀家《だんか》を持たない法隆寺では、費用を拝観料で賄ってきた。「少子化で奈良を訪れる修学旅行も減る。今後

「紀伊山地の霊場と参詣道」の構成資産で、檜皮《ひわだ》ぶきの巨大な屋根を持つ金峯山寺。右隣が工事中の二王門＝奈良県吉野町

も守っていけるのか」。日本最初の世界遺産、法隆寺（斑鳩町）の執事長大野正法《しょうぼう》（71）は厳しさを語る。

法隆寺、クラウドファンディングで資金確保

現在行っている礼堂の修理には補助が出ているが、防火設備などの点検や警備、景観維持のための庭木の管理などにかかる費用は寺の負担だ。未指定の文化財の修理や、宝物館など展示施設の維持もある。

２０２０年からは感染禍で来訪者が激減。庭木の剪定《せんてい》などを先延ばしにして節約したものの、同じ状況が続いたことから、２０２２年にクラウドファンディング（ＣＦ）で維持費を募った。目標の２千万円を大きく超える約１億５千万円の寄付が全国から集まった。

ＣＦは、「鳥獣戯画」で知られる京都市の高山寺が２０１８年に境内全体に台風被害を受けた際に活用するなど、他の世界遺産でも使われている。

大野は「法隆寺を日本の宝として大事に思ってもらっていることが伝わってきた」と喜ぶ。それでも、維持に頭を悩ませる。

国や自治体の財政難の中、文化財保護は優先度が低い分野だと捉えられることも多い。奈良文化財研究所長の本中眞（68）は、「住民が自分の歴史を大切にし、外から来た人にもその姿勢を知ってもらうことには大きな価値があるはずだ」と強調する。

人類の宝を守り続ける責務は重い。登録を目指す佐渡市も同じような課題を抱える。

「道遊の割戸」手探りの保存策

「佐渡島《さど》の金山」の構成資産は地下の坑道にとどまらない。露頭掘り跡や水路、木造建築など多様だ。自然の中にある遺構は特に風化が避けられない。佐渡金山のシンボル「道遊の割戸」も、どう保存していくかが大きな課題となっている。

1600年代に手作業で金を採掘し、山が二つに割れた割戸。史跡佐渡金山の見学コースからは見えない裏側に回ると、むき出しの採掘跡が分かるが、山肌の土砂が道路側へ大きく崩れ落ちている。浸透した雨水が冬場の寒暖差で凍って、膨張することで少しずつひびが入り、土砂崩れにつながっている。

樹脂を吹き付けて固定する、網をかけるなどの方法も検討はされたが、実施には至っていない。景観が変わったり、遺構を傷つけたりするリスクがあるためだ。佐渡市では金網に岩石を詰めた堤防のような壁を造り、土砂をせき止めているが、根本的な解決が難しく、モニタリング（観察）が対策の中心だ。

「大立竪坑《たてこう》」では、背後の山に落石の危険があるとして、昨年始める予定だった保存工事を中止。先に安全を確保する作業に当たっている。2023年5月に石川県能登地方で発生した地震では、佐渡でも震度4を観測、坑道の一つ「大切山坑」の見学ツアーを数日間中止して安全確認を行った。

2023年8月に行われた国連教育科学文化機関（ユネスコ）の諮問機関による現地調査では、保存体制も調べられたとみられる。管理するゴールデン佐渡社長の河野雅利（58）は調査を控え「行政と協力してできることをやっている、ということを説明していく」と語っていた。

構成資産ではないものの、昭和初期に使われた北沢浮遊選鉱場跡など関連の施設群も国の史跡に指定され、保存の対象となっている。だが、浮遊選鉱場などで使っている鉄筋コンクリートは保存技術が確立していないのが実情だ。河野は「そもそも長年残すことを考えて造られた施設ではない。技術革新を待つほかない」と頭を悩ませる。

「道遊の割戸」の裏側。道路側へ崩れる土砂を、壁を設けて止めている＝佐渡市

保全費用の確保も課題

技術だけでなく、費用の確保も課題だ。市が行いたい改修があっても、国の補助額には限度があるため、その年にできる工事の規模が決まってしまう。保全に使える市の予算は例年２億～３億円ほどで、優先順位を付けながら工事を行っている状況だ。

市は登録後も同規模の額が継続的にかかると見込み、２０１０年度に「世界遺産推進基金」を創設。募金やふるさと納税などを積み立てている。２０２２年度末までに集まったのは約２億円。登録後、必要な時に財源として充てていく予定だ。

先行地では、世界遺産の近くに宿泊施設の建設のほか、山林を利用した太陽光や風力発電施設の設置が計画された事例もある。世界遺産に詳しい筑波大名誉教授の稲葉信子（68）は「（後からできる施設で）景観を損なうなど遺産の価値に影響しないか、早いうちから検討できる体制を作るべきだ」と指摘する。

人口減で財政状況も厳しさを増す中、世界遺産を維持・保全し続けることが求められる。そのためには住民や事業者の理解が欠かせない。市世界遺産推進課長の正治敏（52）は「守っていこうという機運の醸成が必要だ。教育や人材育成にも取り組まなければならない」と語った。

２０２４年１月１日に発生した能登半島地震では、佐渡市は震度５強を観測、構成資産の関連遺跡など６件12カ所で被害があった。史跡佐渡金山では駐車場に岩石が落下し、西三川砂金山跡では見学拠点に続く道路ののり面が崩れるなどした。

佐渡市は「世界遺産登録への影響はない」としているほか、市が開催した専門家会議の出席者は、緊急に対応すべき要素は少ないとしている。

栃木・日光の町並み　ＮＰＯが調整役に

日光東照宮など2社1寺からなる世界文化遺産「日光の社寺」（栃木県日光市）。その玄関口であるＪＲ日光駅と、社寺を結ぶ約１・５キロの通りに、門前町「日光東町」がある。

歩道の幅は３・５メートルと広く、東照宮のシンボルである竜をあしらった街灯が立つ。軒を連ねる菓子店や土産物店、酒店、飲食店などの入り口にはのれんがかかり、格子戸や土壁風の外壁を使う店舗もあるなど、町並みを和風に整えている。

日光駅で電車を降りて東照宮に向かう大勢の観光客は、商店に立ち寄ったり、町並みを撮ったりと、門前町の雰囲気を満喫している。通りで酒店を営む小野塚正則（68）は「観光客から『きれいで歩きやすい町ですね』と言われる」と顔をほころばせる。

今でこそにぎわいを見せる日光東町だが、数十年前までは観光客に素通りされる町だった。歩道は狭く、商店街もごく普通の建物で、駅に降り立った観光客はバスやタクシーで直接、社寺近くに向かっていたためだ。

そうした状況を打開しようと約30年前、住民たちが動き始めた。商店街の歩道を広げるよう県と市に働きかけたほか、町を和風に整える計画方針を立案した。

２００６年に、住民有志がＮＰＯ法人「日光東町みんなのまちづくり（現・日光門前まちづくり）」を設立。都市計画や建築の専門家らのメンバーがいて、調和の取れたまちづくりをけん引した。

日光市都市計画課の小又賢史（48）は「行政から日光東町の住民に対して、建物の色合いや形など細かく具体的な指導をする権限が法令上ないため難しいが、住民でつくるＮＰＯなら踏み込んだアドバイスができる」と説明。世界遺産の社寺と町並みを結び付けるために、ＮＰＯが大きな役割を果たしているとする。

粘り強い活動　信頼得る

「ただ、なかなか難しいこともあった」と、都市計画の専門家であるＮＰＯ理事長の岡井健（45）は振り返る。日光東町は400年以上の伝統がある門前町であるだけに、自治会長を頂点とする上下関係が厳しかった。NPOが発足して間もない頃、まだ町内で団体の認知度は低く、まちづくりの提言をしても「何か言っているらしいな」と、軽くあしらわれることも少なくなかった。

それでも、岡井らNPOメンバーは自分たちの町が好きとの一心から、青空市や街灯の掃除、まち歩きイベントなどの開催を地道に重ねた。地域での認知度が高まると同時に、町内の上役らの信頼も得ていき、今では日光のまちづくりの中心になっている。

日光東町11町内会の自治会長らでつくる「日光東町まちづくり推進委員会」の委員長、三ツ山一明（74）は「自治会長は、まちづくりのエキスパートではない。NPOのアドバイスがあってこそ、まちづくりができる」と評価する。

岡井は「まちづくりはへこたれないことが大切。佐渡も、粘り強いプレーヤーがいなければ住民間で衝突して終わる恐れがある」と指摘。世界遺産登録に向けて、佐渡の若手たちが力を合わせ、まちづくりに根気強く取り組んでいくようエールを送る。

翻って佐渡では今、地元を盛り上げようと、島内外で奮闘する若者たちがいた。

和風の店が並ぶ日光東町を歩く岡井健。通りには日光東照宮のシンボル、竜をかたどった街灯も立つ＝栃木県日光市

登録へ「地元愛」高める

佐渡の市民たちが「佐渡島《さど》の金山」を世界遺産にしようと動き出して四半世紀。国連教育科学文化機関（ユネスコ）に推薦書が提出されるまで、紆余《うよ》曲折があった。一方でこの間、島の若者たちの内心に金山を含めた地元の歴史、文化に対する愛着が蓄えられてきた。

約400年間、佐渡金山を支えた鉱山町の佐渡市相川地区。中でも江戸時代に豪商らが軒を連ねた京町通りは古民家が立ち並び、往時のにおいを感じさせる。

その一角に、鉱山で働く人の住宅だった建物を改装したレストラン「古民家空間　京町亭」がある。店長の川嶋大地《ひろくに》（38）は相川出身。金山を生かし、町を盛り上げられないか—。地域のことが頭にある。

店では「道遊の割戸」を模したユニークなカレーの提供や、「無名異焼《むみょうい》」の皿を使うなど、金山のアピールに余念がない。地域の飲食店とも手を取り合う。史跡佐渡金山などの入館チケットを提示した客を対象に、ドリンクや割引などのサービスを2023年2月から、8店舗が連携して始めた。

狙うのは、遺産を起点とした周遊による地域の活性化だ。川嶋は「金山を訪れた人たちには、通りを歩いてほしい。相川の町を見てもらいたい」と強く願う。

鉱山町の風情が残る相川地区は一方で、空き家の急増という悩みも抱えている。この10年で300軒以上が住人を失い、景観の悪化も懸念されてきた。

地区内で建材卸売業を営む根岸建次（39）は2022年から、古民家を改修して移住者に貸し出す事業を始めた。

町屋風の外観はそのままに、内装は水回りを一新。薪《まき》ストーブも据えるなど、おしゃれな空間に仕上げた。改修を終えるとすぐに入居者が決まり、関心の高さを感じ取った。

空き家が減る。移住者が増える。経済が回る―。根岸は好循環への期待を抱く。「世界遺産登録を機に、訪れた人たちが住みたくなるような町並みを目指したい」。視線は熱い。

若い世代の発信 活性化の源に

5月の大型連休。国内外の観光客から「(動画投稿サイトの)ユーチューブを見て佐渡に来た」という声があちこちで聞かれた。

その発信源は、佐渡市出身の大学生ユーチューバー「けえ」(21)だ。「I♡佐渡」と書かれたTシャツを身にまとい「さーどーがーしーまー」と叫ぶ動画が若者の間で受けた。チャンネル開設からわずか1年半で佐渡市の人口のおよそ5倍、24万人超の登録者を得た。

東京のJR山手線全駅で佐渡おけさを踊るなど、突拍子もない動画を投稿する一方で、佐渡金山が世界

店から日本海が望める「京町亭」。店長の川嶋大地は「町並みを生かして店を開き、一緒に地域を盛り上げたいと思う人が増えてほしい」と願う＝2023年６月16日、佐渡市

遺産登録を目指していることも真面目に紹介。54万回を超える再生回数で話題となり、「バズ」った。「当たり前にあったものが世界遺産になるなんて、すごいこと。島内を巡るバスツアーをやりたい。できたら佐渡汽船の船を貸し切ってやれたらいいな」。地元アピールのけん引役として、夢を膨らませる。

世界遺産になることで、知名度向上や経済的な活性化への期待は強いが、真の価値はどこにあるのだろうか。

世界遺産に詳しい城西国際大教授の佐滝剛弘《よしひろ》（63）は熱を込めて説く。「金山の歴史が佐渡の今とつながっているということを、地域の人たちが見直す。そして地域を大切に思う、守ろうと思うきっかけになる。それこそが世界遺産のもたらす効果ではないか」

来訪者数からみる佐渡の展望

「価値」伝え方で明暗

「世界共通の宝」である世界遺産は、国内外から大きな注目を集める。特に登録時は観光客を飛躍的に増やすビッグチャンスだが、その後長期にわたって来訪者数を伸ばし続ける所もあれば、急増の後に低迷してしまう所もある。「佐渡《さど》島の金山」が登録されたあかつきには、どんな道をたどるのか。現在、国内の登録済みの世界遺産は、文化遺産が20件、自然遺産が5件の計25件がある。これら先進地の来訪者数のデータをひもときつつ、識者に佐渡の展望を聞いた。

世界遺産に登録された国内各地の来訪者数をみると、主に次の三つのタイプに分けられる＝グラフ「来訪者数の推移」参照＝。

一つ目は、登録後に来訪者が増加した「タイプA」。「屋久島」(鹿児島)や「白川郷」(岐阜)などがこれに当てはまる。「屋久島」は、登録された1993年度の来訪者は20万9千人で、その後に増加傾向となり、ピークとなった登録から14年後の2007年には40万6千人に上った。

二つ目は、登録後の来訪者数が、おおむね堅調に推移した「タイプB」で、「日光の社寺」(栃木)や「原爆ドーム」(広島)などがある。登録前から有名で、もともと来訪者の多い所だったため、登録による変動は小さかったとみられる。

三つ目は、登録後に来訪者が一時的に増えたものの、その後は減ってしまった「タイプC」。「石見銀山」

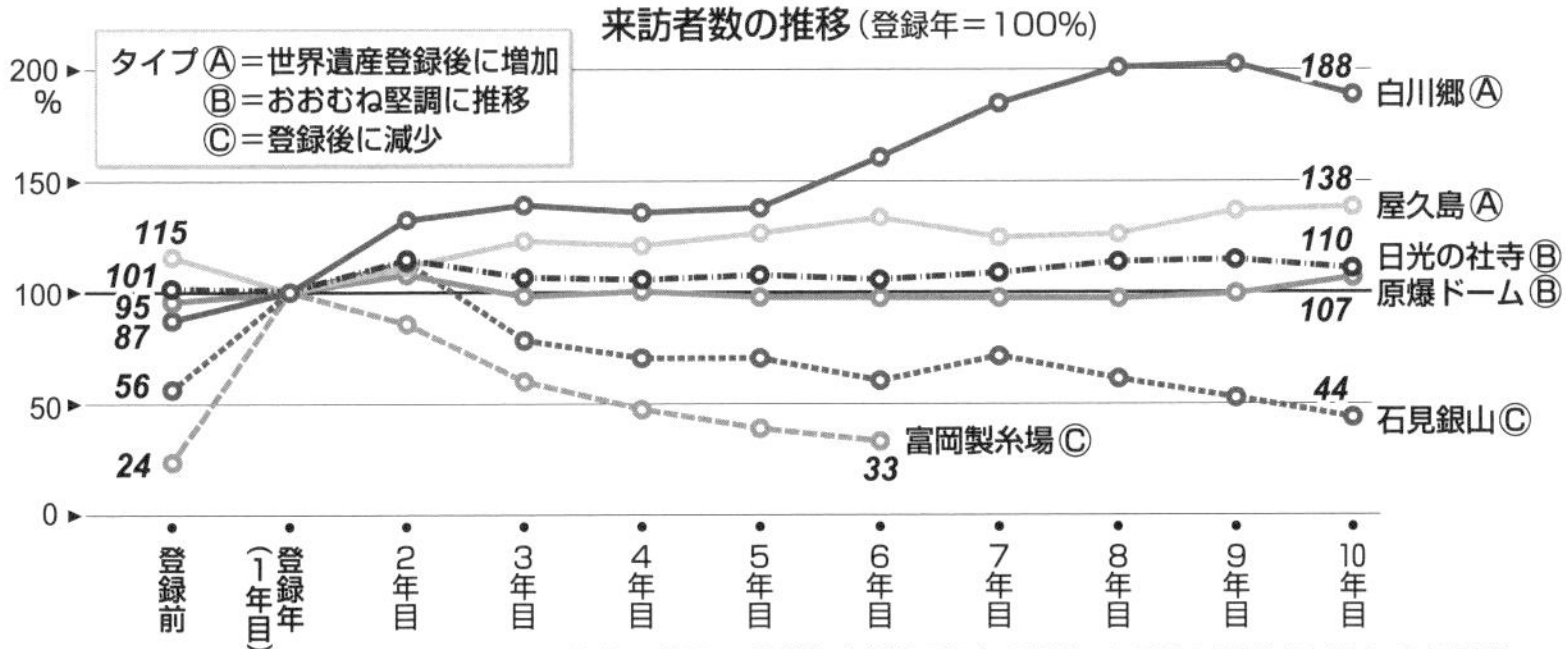

※石見銀山、富岡製糸場は施設の入館者数、白川郷、屋久島、原爆ドーム、日光の社寺は各市町村への来訪者数。
日本政策投資銀行新潟支店の資料を基に作成

（島根）や「富岡製糸場」（群馬）がこれに当たる。石見銀山では、登録翌年の２００８年に81万3千人と、登録前年の倍となったものの、その後は減少を続け、２０１８年には24万6千人とピーク時の３割にまで落ち込んだ。

　登録後の明暗を分けたものは何か。２０２１年に世界遺産登録の効果について報告書をまとめた日本政策投資銀行新潟支店の細川吉明次長（46）は、理由の一つに「価値の分かりやすさ」を挙げる。例えば、屋久島の屋久杉は、巨木が多く、一見すれば感動を得られるためリピーターを確保しやすい。一方、石見銀山の坑道や富岡製糸場などの産業遺産は、価値を理解するのにある程度知識が必要なので、ガイドの説明なしでは「つまらない」と思われてしまう恐れがあるという。

　細川次長は「佐渡は石見銀山と同じ鉱山遺跡。何も工夫をしないと、石見のように入り込みが増えていかない可能性がある」と話す。回避するためにはガイドによる遺跡の案内に加え、佐渡市が相川地区で運営する金銀山ガイダンス施設「きらりうむ佐渡」へまず訪れてもらうことなどを提案する。「そうすれば全体像や特徴をつかんでもらえるだろう」とする。

　また、世界遺産に詳しい佐滝剛弘・城西国際大教授（63）は「世界遺産の登録は、効果と反動が出やすい」と分析する。登録前後はメディアが集中的に取り上げるが、翌年には別の世界遺産候補が現れるため、効果が長続きしない傾向があるという。

石見や富岡は周辺の観光資産の魅力を伝え切れていなかったとの見方もある。佐滝教授は「金山だけでリピーターを増やすのは難しい。登録をきっかけに島を訪れた人に、自然や海産物など他の魅力も感じてもらうことが必要だ」と指摘した。

日本政策投資銀行新潟支店推計

観光客50万人増も　市の税収は2億円アップ

「佐渡島《さど》の金山」が世界遺産に登録されたら、どれくらいの人数が佐渡を訪れるだろうか。

日本政策投資銀行新潟支店は、佐渡と同じ離島で、地理的条件が近い「屋久島」の登録後の来訪者数が、佐渡と似た傾向になると仮定。屋久島の推移を佐渡に当てはめ、登録後の来訪者数を推計した＝グラフ「佐渡市の観光収支と来訪者数」参照＝。

佐渡市の2019年来訪者数の実績は約50万人。これを基に推計すると、登録1年目は67万8千人が見込まれる。その後も屋久島と同じ経過をたどるとすれば、ピーク時の14年目ごろには50万人増の100万人を超える試算になる。仮に来訪者が20万人増えたとすると、入り込み増によって得られる佐渡市の税収は、およそ2億円増える見通しだ。

佐渡市は例年、金銀山の保存整備費として2億～3億円をかけている。観光客増によって見込まれる税

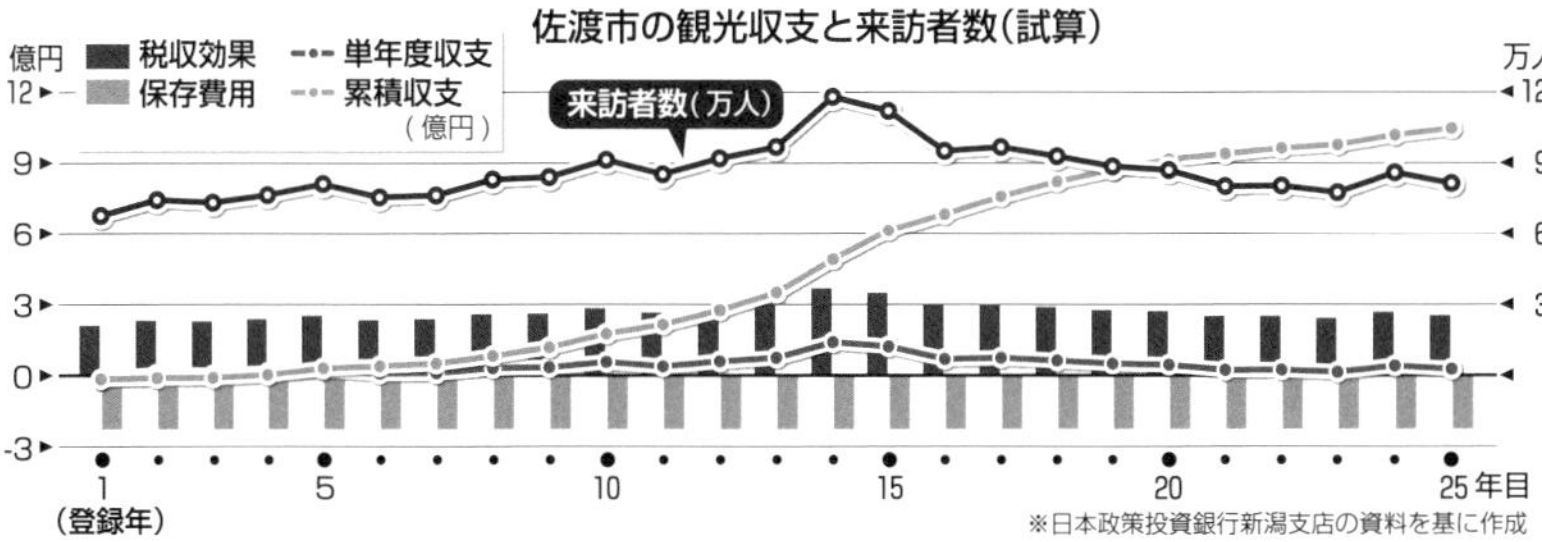

※日本政策投資銀行新潟支店の資料を基に作成

収増とおおむね同規模となるが、同支店の細川吉明次長は「駐車場や案内板などの充実化や、突発的な大規模修繕などが必要になれば、さらに費用がかさむ可能性もある」と指摘する。

実際、屋久島では登録後に大勢の観光客が押し寄せたことによって、し尿の処理費用の負担が増えた。そこで地元自治体などでつくる協議会は、来訪者から任意で千～2千円の協力金を徴収。処理費をまかなうとともに、登山道の補修などに活用している。

屋久島が堅調な来訪者数を維持できている要因の一つに、観光客増加で地域の環境が悪化するオーバーツーリズム（観光公害）対策が適切にできていることがあると細川次長はみる。「屋久島では、来訪者の満足度が高まるようなことに協力金を充てた。佐渡でも、協力金の徴収は検討に値するだろう」と話している。

新潟日報の紙面から

鶴子銀山を歩く古道トレッキングが開かれた（2023年4月18日付）

古道巡り神秘に見入り　鶴子銀山

輝ける島へ

世界文化遺産登録を目指す「佐渡《さど》島の金山」の構成資産の一つ、鶴子《つるし》銀山を歩く古道トレッキングが16日、佐渡市で開かれた。銀山を代表する坑道掘りの一つで、滝つぼの部分に間歩《まぶ》（坑道）の口が開いている大滝間歩などを約60人が巡った。

個人で見学する機会が少ない古道を知ってもらおうと、佐渡を世界遺産にする会などが主催。2008年頃からほぼ毎年鶴子銀山から相川金銀山をつなぐ古道でトレッキングを行っているが、今回は初めて鶴子銀山に絞って古道を歩き、遺跡を見学した。

鶴子銀山は佐渡市沢根や沢根五十里などの山林に広がる鉱山遺跡。1542年に発見された銀山は、相川金銀山発見のきっかけになり、島内の鉱山開発に大きな影響を与えたとされる。

山道の途中までバスに乗った参加者は、ぬかるんだ道や急な坂道を10分ほど歩き、大滝間歩に到着。頭上から勢いよく流れ落ちる滝の向こうに、坑道の入り口が見えるという神秘的な風景に見入っていた。

ほかにガイドの案内で代官屋敷跡や集落跡などを歩いて巡った。

小学生の息子2人と参加した佐渡市沢根炭屋町の看護師、ホームストロム文《あや》さん(45)は「地元に住んでいるが、大滝間歩を見たのは初めて。すごく良い機会だった」と感激した様子だった。

鶴子銀山の大滝間歩を見学する古道トレッキングの参加者たち＝16日、佐渡市佐和田地区

無宿人の辛苦を思う

輝ける島へ

相川 金山周辺で供養祭

題目を唱えつつ佐渡金山周辺を練り歩く無宿人供養祭の参加者＝16日、佐渡市相川地区

江戸時代、佐渡金山で過酷な作業を強いられた無宿人を弔う供養祭が16日、佐渡市相川地区の史跡佐渡金山周辺で開かれた。参加した島内外の約50人は、金山旧坑道や墓碑を巡り、金山を支えた人々の冥福を祈った。

供養祭は、相川日蓮宗護法会が毎年この時期に開いており、51回目。無宿人とは、饑饉《ききん》などで家や仕事を失ったり、親から勘当されたりして無戸籍になった人たちをいう。幕府の治安対策で捕らえられ、江戸などから1800人以上が佐渡に送り込まれた。金山の坑内の水をくみ上げる「水替《みずかえ》」の作業に当たったという。

参加者は、うちわ太鼓をたたき、題目を唱えつつ道遊の割戸や大切山坑などを巡った。無宿人の墓の前で両手を合わせ、当時の辛苦に思いをはせた。

栃木県から夫婦で参加した歯科医、山田明さん(61)は「無宿人がいなければ、佐渡金山は成り立たなかった。世界遺産になっても無宿人が忘れ去られないように、今後も供養が続いていってほしい」と願った。

佐渡市相川地区の史跡佐渡金山周辺で、江戸時代に佐渡金山で過酷な作業を強いられた無宿人を弔う供養祭が開かれた（2023年４月19日付）

金山の価値 訪日客に

日本語・英語 音声ナビ導入

輝ける島へ

佐渡金山を代表する観光施設「史跡佐渡金山」（佐渡市下相川）の見学コース内で26日、日本語と英語の音声ナビの運用が始まった。「佐渡島の金山」の世界文化遺産登録を見据え、観光客らに金山の文化的価値を分かりやすく伝えようと、市が整備した。観光客の満足度アップとともに、登録推進の一助にもしたい考えだ。

史跡佐渡金山は新型コロナウイルス禍前には、年間約14万人が訪れていた島を代表する観光スポット。

音声ナビは、江戸時代の手掘りの坑道「宗太夫坑《そうだゆうこう》」と、明治期以降の様子を伝える「道遊坑」の2コースに、計21カ所あるQRコードをスマートフォンで読み取る仕組み。専用ページで音声を再生する。

スマートフォンの画面では、解説文に加えて絵図や写真も掲載。所要時間は各コース40分程度で、利用者は個々のペースで坑道を回りながら見学できる。

「山留大工《やまどめだいく》」「高任竪坑《たかとうたてこう》」など各カ所の案内は30秒～1分程度。日本語の音声は人気テレビアニメ「ちびまる子ちゃん」でお姉ちゃん役を務める声優の豊嶋真千子さん、英語は東大の研究機関に所属し、現在佐渡市で歴史や農業を研究している英国出身のブラック・ジャスミンさんが担当した。

史跡佐渡金山の坑道内で、自身がナレーションを担当した音声ナビを体験する声優の豊嶋真千子さん＝佐渡市下相川

音声ナビ導入に先立ち、史跡佐渡金山を運営するゴールデン佐渡は、県などの補助金を含む事業費約800万円をかけて坑道内にWi－Fiを整備した。

佐渡島の金山は、今年夏から秋に国連教育科学文化機関（ユネスコ）の諮問機関である国際記念物遺跡会議（イコモス）の現地調査を受ける予定。調査では保護や整備に加え、資産の公開や活用の状況も確認されるとみられる。

岩﨑洋昭・市観光振興部長は「訪日客増加が見込まれる中、音声ナビでより分かりやすく価値を伝えたい。イコモスの調査でも音声ナビ導入が（評価を後押しする）一助になると期待している」と話した。

観光施設「史跡佐渡金山」の見学コース内で、日本語と英語の音声ナビの運用が始まった（2023年４月27日付）

世界遺産へ沿線交流

金銀運んだ道歩く「御金荷の道」

佐渡

江戸時代に金銀を運んだ道を歩くイベント「御金荷《おかねに》の道」が23日、佐渡市で始まった。２日間の日程で相川から小木までの約40キロを徒歩やバスでたどる。初日は約100人が参加し、佐渡金山の世界遺産登録に期待を膨らませながら、歴史の道を巡った。

江戸時代の旅姿で「御金荷の道」を歩く参加者たち＝23日、佐渡市相川広間町

輝ける島へ

市民団体「佐渡を世界遺産にする会」が主催し、10回目。今年は世界遺産登録への機運をさらに高めようと佐渡市が10～12月、「金の道」沿線の出雲崎町、群馬県、東京都でも同様のウオークイベントを行い、沿線との交流を深める。

来月から出雲崎、群馬、東京でも

すげがさ、旅装束で40キロ

皮切りとなった同日は、相川から真野までの約15キロがルート。出発地の佐渡奉行所跡前では、同会の渡辺剛忠副会長が「世界遺産登録への機運はこれまでになく高まっている。沿線との交流は金山をアピールする貴重な事業となる」とあいさつ。この後、一行は佐渡奉行役の伊貝秀一佐渡市副市長の号令で出発した。

すげがさに旅装束で、千両箱を担いだ参加者たちは、さわやかな秋風を感じながら、隊列を乱さず歩を進めた。キリシタン塚など道中の史跡では歴史の解説もあった。

初日の終着地、真野新町では、真野商工会女性部の「はばたき太鼓」が盛大に出迎えた。初めて参加した同市金井新保の女性(60)は「坂道が多かったが気持ちよく歩けた。昔の人もここを歩いたのかなと感じた」と話した。

24日は真野新町から金を積み出した小木までの約23キロをバスや徒歩でたどる。

江戸時代に金銀を運んだ道を歩くイベント「御金荷（おかねに）の道」が開かれた（2023年９月24日付）

宿泊施設の予約好調

市出身ユーチューバー・けえさん効果

ユニークな動画を通じて佐渡市の魅力を発信する地元出身の人気ユーチューバー「けえ【島育ち】」さんがファンらと交流するイベントが「佐渡の日」の10日、おんでこドーム（両津湊）で開かれる。島内外から多くの来場が見込まれ、両津地区を中心に宿泊施設への予約が相次いでいる。観光関係者や主催する実行委員会は「予想以上の反響だ。閑散期の３月の観光活性化につながってほしい」と期待している。

10日、佐渡（310）ケ島フェス

閑散期の３月、活性化期待

初開催の「佐渡（310）ケ島フェス2024」は、けえさんが企画し、佐渡観光交流機構などでつくる実行委が主催する。

けえさんと佐渡おけさを楽しむほか、握手会や撮影会なども開かれる。飲食や特産品の販売ブースも30店以上の出店を予定している。

以前から佐渡でイベントをしたいと考えていたけえさんと、３月の入り込みを増やして観光シーズンの拡張を図りたい機構の思いがかみ合い実現した。

けえさんのユーチューブチャンネルは登録者数約58万人で、子どもや若者を中心に島内外で人気がある。機構によると、１月にイベント開催を告知した直後からチケット購入などの申し込みが殺到。イベント前日にけえさんと市内を回るバスツアーは販売開始から数分で完売した。宿泊と佐渡汽船の往復、イベントチケットなどのセットも２月下旬までに190人分が完売した。

当日は2500人程度の来場が予想される。機構の担当者は「関西や中京圏からの申し込みが多く、九州や近畿方面からもある。これまでの佐渡観光とは違う方面にアプローチできている」と手応えを語る。

セット販売以外での宿泊施設への予約も上々だ。両津地区の「夕日と湖の宿あおきや」はイベント前日の９日の予約は満室になった。同社代表取締役の小野原正輝さんは「ここまで予約が入るとは思わなかった。例年３月の家族連れの予約は少ないので驚いた。３月の佐渡もにぎわっているというイメージが醸成されるといい」と語る。

会場から車で40分ほどの相川地区にあるホテル万長は、イベント前日の９日が改装からの営業再開日に当たる。同社によると、100人ほどの予約があり、イベントの参加者も多いとみられる。

佐渡汽船も10日午後４時25分両津発のジェットフォイルが満席になった。

けえさんは新潟日報社の取材に「これまで佐渡で子どもやファミリー向けのイベントは少なかったと思う。新しい風で佐渡を活気づけたい」と当日への意気込みを語った。

イベントの問い合わせは佐渡観光交流機構、0259（23）5230。

佐渡ケ島フェスの会場となるおんでこドーム＝佐渡市両津湊

けえさんが中央上部に入っている佐渡ケ島フェスのポスター

観光シーズンの拡張を図ろうと、佐渡市出身の人気ユーチューバー・けえさんがファンらと交流するイベントが企画された（2024年３月６日付）

おわりに

「佐渡の持つ顔は、その光の部分と影の部分のコントラストが鮮烈である点で他国に優れている」

長期企画「輝ける島へ」の第4部「史観のはざまで」で、佐渡出身の歴史学者・故田中圭一氏の言葉を引用した。佐渡金山がはらむ戦時中の朝鮮人労働者の問題を、ある意味象徴しているように思えたからだ。

韓国政府は、佐渡金山が戦時中に強制労働の現場であったとして世界遺産推薦に反発し、日本政府は強制労働を否定する立場を取っている。長期企画の取材班は、戦時中の佐渡金山を知る〝生き証人〟を探したが、戦後80年近くが過ぎた今、見つけ出すのは難しかった。当時を知る手だてが限られている現状が、史観の対立を生む原因にもなっているとつくづく思い知らされた。

そんな中、「韓国の人々は佐渡金山をどう思っているのか」との思いから韓国へ飛び、戦時中に佐渡金山で働いた朝鮮人の遺族や、有識者、市民団体に直接会って話を聞いた。意外にも皆が「佐渡金山の歴史的な価値までも否定しているのではない」と口をそろえていた。もちろん「徴用の歴史を隠さず後世に伝えるべきだ」とも強調していたが、日韓の相互理解の道筋が、かすかに見えた